JN312383

奇跡のむらの物語

1000人の子どもが限界集落を救う！

辻　英之 編著

農文協

1900人のむらに
1000人の子どもたちが来た！

暮らしの学校「だいだらぼっち」

学校とも違う、家とも違う、そんなおもしろそうな山村留学へ、一度行ってみたいと思いませんか

母屋のお勝手（台所）は、身も心もあたたまる場所。みんなが集えば、楽しい語らいがはじまる

田植えの前の恒例行事「どろんこバレーボール大会」。子どももスタッフも、おもいきり田んぼにすべり込む

泰阜村が誇る「万古川《まんご》」。「魚止めの滝」は、地元のものしかたどり着けない神秘の滝

仲間の割ってくれた薪で焚く五右衛門風呂は、身体の芯まであたためてくれる。湯冷めもせず風邪をひくこともない

子どもたちの日課は薪割りだ。お風呂に入るため、冬を過ごすため、今日もひたすら斧を振るう
（提供：朝日新聞社）

集落共同の道路清掃の途中、「おあがりて（よってらっしゃい）」とおばあまの家に。漬け物が疲れた身体を癒す

事務所
相談員たちがお仕事をするところ。
となりのおばあちゃんちの棚田
雪が積もると休耕田が天然のジャンプ台になるよ！スリリング～！
先ぱいたちがうえた実のなる木々
もも・すもも・グミ・栗・柿…
木の実がたくさん採れるんだ。
木のぼりしてとるのも楽しい！
ごえもん風呂
なんと日本一大きいんだ。
薪でたくお風呂なんだ。
トイレ
外にあるトイレへは雨が降っても傘をさして行くんだ。
炭窯、
穴窯
だいだらぼっちマップ
なおみち 作.

大峰山
てっぺんにある展望台からの眺めは最高！
こどもたちのお気に入りの場所。
だいだら畑
自家用野菜をつく
残食飯や野菜くず
また畑の土にも
くらしのがっこう
リーダーズカレッジ
暮らしのカフェいただきました
小さなこどもたちやお客さんが集ういこいの場。
パン窯
母屋
こどもたちが
暮らすおうち。
冬は薪ストーブを囲
六軒長屋
こどもたちの家族やお客さんが
泊まれる部屋がならんでいるよ。
のぼり窯、
作った食器は
薪をくべて自分た
やくんだ。
1250℃をめざす
大仕事だ。
工房 草來舎
工房で陶芸や木工ができる
自分で作ったお皿で
食べるごはんはおいしい
あんじゃね自然学校
囲炉裏でごはんを食べたり
みんなでわいわい遊べる
大広間があるよ。

信州子ども 山賊キャンプ

泰阜村の自然のなかで、思いっきり「食う」「寝る」「遊ぶ」「働く」。何もない人口1900人の村に1000人の子どもが集う

「気持ちいいー！」「泰阜の川サイコー！」。
透き通る水が流れる川で、子どもたちは思う存分楽しむ

ここが山賊キャンプのアジトだ。
「八つのおきて」を守らない限り、
ここに立ち入ることはできない

火おこしは子どもの人気仕事。見よ！
この真剣なまなざし

これぞ山賊！　風呂はドラム缶一つ。入りたければ自分で焚かなくてはならない

南信州の山々を深く切り裂く天竜川。「今日は大河にくり出すぞ！　野郎ども、準備はいいか！」

村の猟師が、今朝罠にかかったばかりのイノシシを持ってきた。目の前でいきなり解体ショーが始まる

泰阜村立伊那谷あんじゃね自然学校

泰阜村の「暮らしの文化」を伝えたい。村人たちが、未来を生きる子どもたちのために立ち上がった

「こんなに夢中になったのはじめて！」。おじいまにワラ草履づくりを教えられ、子どもたちの目が輝く

村の子どもと大人たちが力をあわせて、元学校林に高さ5メートルのツリーハウスを建設

村で1軒となった養蚕農家。おばあまに「お蚕様」の歴史と絹糸のなめらかさを教えてもらう

はじめに

「わしゃ、こんな村いやだ！」

長野県下伊那郡の南部に位置する泰阜村《やすおか》。人口1900人を切ったこの村は、東京から車で5時間、今なお国道が通らず大型バスも入れない。コンビニはおろか信号すらない。

おそらくこの先も国道は通らないだろう。交通死亡事故はもう何年前に起こったか覚えていない。静かでのどかといえば聞こえはいいが、「十九世紀の村」と揶揄されたこともある。泰阜村は、そんな典型的なへき地山村だ。

産業といっても耕作可能な農地はきわめて小さい。江戸時代には米の代わりに木材を年貢として納めていた貧しい歴史をもつ。これといった観光資源があるわけでもない。近年も自治体財政はきびしく、過疎山村として苦難を強いられていることはいうまでもない。

また、村の高齢化率は40％前後に達し、若者の流出にも歯止めがかからない。そのことは田畑や里山管理の後継者だけでなく、自治会や消防団など集落の担い手不足にも直結する。

飯田市をはじめ、周辺のいずれの市町村と合併しても村の福祉の低下を招く状況では、合併という選択肢はない。村人はこうした境遇を嘆き、「この村にいては将来がない」と、わが子を競って大都市に送りだしてきた。そして荒れゆく森林・里山を見つめては「だめだこりゃ」と、深いため息をつく。もはや「限界集落」ならぬ「限界自治体」ともいうべき泰阜村は、この国の山村に共通する多くの課題を抱えている。

ところが、2003年の「合併に関する住民意識調査」では、村人の6割以上が「この村で自立したい」と答えた。合併反対の「為政者に任せる」の2割をあわせれば、実に8割の村人が「こんな村いやだ」と言わなくなっているのだ。

私たちグリーンウッドの若者（ヨソモノ）がこの村に根を張り、都会の子を集めて山村留学を始めたのが25年前のことである。その後、「山村」「教育」「NPO」という食えない3点セットを駆使して、小さなNPOが村で第4位の雇用を抱える事業体にまで成長した。そして、このヨソモノの山村教育活動が、地域活性化に少なからず影響を与えている。

泰阜村では、今、村人自らが行動を起こすようになっている。村人有志は民泊をすすめる「NPO法人グリーンツーリズム研究会」や、農家レストランを運営する「NPO法人ジジ王国」を立ちあげ、村の野菜をインターネットで売り出す「やすおか村産直組合」の運営も始まった。また、撤退した民間のガソリンスタンドを、村人が「振興センターやすおかSS」として引き継いで営業し、「あんじゃね支援学校」では、村人の手によって子どもたちの週末の自然体験活動が行なわれている。

こうした活気につられてか、泰阜村で育った若者が5年ほど前から村に戻るようになり、泰阜村の不便さを厭わない人びとが、地域の再生に向けた活動を始めている。

そしてなにより、村外に泰阜村を心から支えるファンが増えてきた。地域活性化にとって夢のような話ではないか。

「こんな村いやだ」から「この村で自立したい」へ。

わずか25年で、この村にいったい何が起こったのだろうか。

本書は、「十九世紀の村」と揶揄される山村において、ヨソモノのＮＰＯが果たしてきた「教育」をど真ん中においた地域再生の軌跡と実践手法をまとめたものである。

今から25年前に、ヨソモノがどのように過疎山村に入り、何を大事にして村人からの信頼を受けるようになったのか、そこに生まれた苦しさや葛藤は何だったのか。さらには若者の職場をいかにしてつくり、その職場をどう運営しているのか。そして教育が山村に果たす社会的役割は何なのか、具体的な実践を通して、その詳細が赤裸々に綴られている。

過疎に悩む農山漁村の行政の方々はもちろん、今後の地域づくりのヒントを得たい方、ＮＰＯや社会貢献活動に興味のある若者の皆さん、そして教育の最前線にいる学校教員の皆さんにとって、取り組みのヒントとなれば幸いである。

二〇一一年一〇月

辻　英之

目次

第2章　暮らしの学校「だいだらぼっち」
——泰阜村の暮らしから学ぶ

第3章　信州子ども山賊キャンプ
――村の風土から生まれた日本最強のキャンプ

第4章 泰阜村立伊那谷あんじゃね自然学校
――子どもが変わる、地域が変わる

第7章 見よ、山村の底力

——教育が地域と日本を再生する

コラム2 マッコの視点

コラム3 あんじゃねな声

第1章

村の子の血が染まる

——山村教育の産声

自由な教育を山村に求めた若者たち。待っていたのは村人の激しい反発だった……

1 自由な教育を求めて

自然のなかで強い気持ちが育つ

今から30年ほど前。1980年代前後のことを思い出せるだろうか。
それは、学校の管理教育・進学競争の激化、校内暴力やいじめ、子どもの自殺といった学校病理が、社会問題として深刻化していく時代だった。学校から地域に眼を転じれば、過疎が進む農山村でも過密が進む都市でも、塾にお稽古ごと、テレビゲームと、外で遊ばない子どもたちが目立つようになってきた。

豊かな時間や空間、仲間たちといった子どもたちの健全な成長に不可欠な、当たり前のものが失われていることに危機感を抱く大人たちは少なくなかった。こうしたなか、日本でも学校外における教育活動が全国各地で生まれていくが、当時25歳の梶さち子（現グリーンウッド会長）も同じように、子どもたちを取り巻く環境に危機感を持っていた。

この頃、梶は東京で幼稚園の教員をしていた。1981年、幼稚園の同僚に誘われて長野県飯田市にある長野県野外教育センター（現在の財団法人野外教育研究財団）に転職する。そしてセンターでは、東京や名古屋など都市部の子ども（60～100人）を対象にした2泊3日のキャンプの運営を担当していた。

手探りのなかで梶が目指したのは、管理教育に対する自由教育だった。梶は、当時のことを次のように語る。

「最初は、時間やスケジュールがあらかじめ決まっている管理的なプログラムキャンプをしていました。でも、そのなかからはみ出す子がいるのです。たとえば、昆虫を追いかけている子とか、ずっと川で石をひっくり返している子とか」

梶は、大人が考えることを子どもにやらせることに限界を感じるようになっていた。

「子どもたちのやりたい事をやろう、ということからフリープログラムのキャンプが始まりました。フリープログラムのキャンプを始めるようになってから、キャンプの期間が長くなるほど子どもたちの成長や楽しさが増していきます」

そうなると、いつのまにか子どもとスタッフの思いや言葉が積極的になっていく。

「1カ月のキャンプをしたいね」

「自分たちの物は自分たちでつくって暮らしてみたいね」

「お皿やコップなど自分たちで使う器は、自分たちでつくりたいね」

「テーブルやイスもできるだけ自分たちでつくりたいね」

子どももスタッフも、川原や山へ粘土を探しに行ったり、流木をひろったり、山の木を切ったりして、だんだん自分たちで暮らしをつくりたいという強い気持ちに変わっていくのだ。

1985年夏。梶は、同じく子どもたちの可能性を信じる大越慶（当時25歳）とともに、1カ月のキャンプの運営にあたった。プログラムは事前につくらず、生活に必要なすべてのことを子どもたちが手がけていく1カ月のキャンプだ。

それは遅々として進まず容易なプログラムではない。しかし、梶は容易に進まないこのような場こそが「人間として生きる知恵」を学ぶ場だと信じていた。

「もちろん失敗を繰り返します。大人も子どもも同じです。そのなかから、次はどうすれば成功するのだろうか、と考えるようになりました。うまく物事を進めるために、常にみんなで話し合いをしました。多数決で物事を判断するようなことはできるだけしません。話し合いで解決できることは、2時間、3時間かけても話し合いました。怒る子どもや泣く子どももいます。だが話し合いのなかで、お互いの気持ちがわかるときが必ずきます。お互いの気持ちが理解できて、初めてみんなが納得する答えが出るのです。そのような話し合いを『段取り』と呼んでいました。初めはうまくいかないことも、『段取り』をとることにより、うまくできるようになります」

そして、1カ月のキャンプを終えると——

「1年間のキャンプをしてみたいね！」

そんな声が子どもやその親、そしてスタッフからあがった。

1年間のキャンプをやりたい！

泰阜村の自然のなかで、子どもたちが1日の計画を立て、仲間と寝食をともにする1カ月間のキャンプを実施するうちに、子どもたちに強い気持ちと行動力が芽生えた。キャンプで体験した素朴な「暮らし」のなかに、確かな「学び」があると感じたスタッフは、本格的に「地域に根ざし暮らしから学ぶ場」をつくることを目指すようになったのだ。

組織的キャンプ、すなわち一定の教育目的を持ち意図的・計画的に行なわれる野外キャンプは通常、大人側があらかじめ設定したいくつかのメニューを組み合わせたプログラムによって進められる。しかし、梶や大越が目指したものは、大人が決めたプログラムに子どもたちが従うのではない。

それは、子どもたち自身がプログラムを決めて進めていく、比較的自由度の高いキャンプだった。プログラムを子どもたち自身が決めるようになればなるほど、子どもたちの主体性が発揮されるようになる。そして、キャンプの長期化が促される。

1カ月間の長期キャンプの頃から、徐々にキャンプという非日常的な活動が、「暮らし」という日常をにおわせる方向性を帯びてきた。こうして、さらに長期化する1年間のキャンプが、山村留学という形式をとるようになったといえる。

しかし、1年間の長期キャンプすなわち山村留学は、長期休暇や週末に実施されるような通常の野外キャンプとは違う。子どもが住民票を移して学校に通うなど泰阜村での生活が主な舞台となるのだ。

「子どもが何か事件を起こしたときに、果たして責任を取れるのかどうか」

梶は悩みに悩んだ。そして、1カ月間の長期キャンプに参加した子どもや親、スタッフと熱く夢を語り、いっしょにやろうという声に押されて、泰阜村で1年間の山村留学を実施する覚悟を決めたのだ。

2 ヨソモノの悪い血に村の子どもが染まる！

招かれざる客

1980年代前後、泰阜村では小中学校の在籍児童・生徒が減少し始める時期だった。山村留学が村内で実施されることは、村の教育委員会にとって確かに喜ばしいことではあった。なぜなら児童・生徒数を一時的にでも確保できるからだ。

当時、全国各地の過疎自治体で広がり始めた山村留学制度の大半は、自治体主導の過疎対策事業として導入されていた。

泰阜村の場合は、自治体主導ではなく民間団体主導だ。このスタイルは当時たいへん珍しかった。民間団体が独自に実施するということは、自治体が大きな予算を組まなくともよい。村の教育委員会にとっては二重に喜ばしいことだった。

「このままでは複式学級になってしまうのも時間の問題だった。だから村と教育委員会は、梶さんたちが山村留学をやってくれるもんで、よかったよかったと」

そのころ教育委員だった原嘉秀さん（85歳）はそう語る。村も議会も教育委員会も、「それはいいだろう」と、泰阜村に山村留学制度を導入することに前向きだったという。

ところが、村人の反発は激しいものだった。

なぜなら1979〜82年にかけて愛知県のヨットスクールで起こった傷害致死事件を機に、「校内暴力や家庭内暴力などの問題行動を起こす青少年を矯正する全寮制の教育方式」という側面が全国的に注目されていたからだ。

このことは、梶らが始めようとしていた山村留学も同様なものではないかという不安を村人に抱かせるには十分すぎる状況だった。村人は皆、都市からいずれやってくるであろう顔の見えない小中学生や若いスタッフの姿をその事件と重ね合わせた。それがへき地山村特有である、ときに閉鎖的な「村の論理」をさらに強くさせていく。

「都会の子どもの悪い血に、村の子どもの純真な血が染まってしまう」

山村留学の説明会で噴出した村人の言葉だ。それは、きびしく不遇な時代を生き抜いてきた人びとの激しくも悲しい、まさに絞り出すような叫びだった。それは単に「村の論理」という言葉では片付けられないだろう。その時代にあっては、当然の反応だった。

「村や教育委員会はいい。しかし集落の住民にも了解してもらわなければならん」

そう話す教育委員の原さんは、受け入れ集落に山村留学制度の導入を理解してもらう立場でもあったが、実はその集落の住民でもあった。

「なにせ山村留学で子どもを受け入れるのは初めてだもんでな。動揺したのは事実だ。都会の子どもは問題があるとか、暴力とか、くせのある子どもが、まとまって来るんじゃねえか、という声があった。それじゃ困るし、まずいぞ、と」

当時、その声を発した中山易久《やすひさ》さん（70歳）に聞いてみた。

「あの頃は、自分の子どもが小さくて、ちょうど小学校に通っていたころだなあ」

山村留学という言葉は、新聞で見た「暴力的な子どもを受け入れる仕組み」とだけ理解していたらしい。近くの村における山村留学の情報だ。

「村の子ども、自分の住む田本集落の子どもが、そういう勢力に惑わされて、やりたいことを我慢してしまうんじゃねえか、そういう勢力になってしまうんじゃねえかと恐れていた」

中山さんは説明会を通して、もしやるのであれば子どもの人選をしっかりやってほしいと強く要望した。すべて、都市の子どもの負の要素が村の子どもに影響してはならない、という強い想いがそうさせたのだ。

しかも、Iターンやボランティア、NPOなどという言葉がまだ市民権を得ていない時代だ。その時代に、「泰阜村の自然環境が〝教育〟によい」と考える若者が入ってきて山村留学を実施する、という。住民に理解されるはずもなかった。

さらに、林業の衰退、農家の激減などに直面し、農林業という、いわば自然環境を資本にした生業の継続を断念せざるを得なくなりつつあった村人である。自然環境を資本に教育という生業を興そうとする私たちのことなど、「あすんどる衆だなん（遊んでいる人たちだな）」と、まったく相手にもしなかったのである。

「田舎のいろいろを子どもが理解できるわけもねえ。子どもの面倒をみるスタッフも田舎暮らしを知らないからまあしょうがないわ、と暗黙の了解だったな。しばらくすればなんとかなるだろうと思っていたが、なんとかなるのが早いか、出ていくのが早いか、と見ていた」という中山さんの言葉どおり、まさに私たちは「招かれざる客」だった。

ヨソモノの覚悟は常に見抜かれる

「村の子どもが悪い血に染まる」

「女性が責任者として村で活動を行なう覚悟はあるのか？」

矢継ぎ早に繰り出されるきびしい言葉に、梶は即座に応えた。

「私は嫁に来るつもりで泰阜村にやってきました」

毅然と言い切る梶のことを鮮明に覚えているのは、梶と子どもたちが最初に生活を始めた民家の隣に住む松澤平治さん（79歳）だ。

「最初の説明会の印象は、こんなうら若き娘さんが、この山村留学とやらの難しい説明をどうやるのかと興味があってな、でも思いのほかちゃんとした説明だった。毅然としていた。いや、これはこれは……と思ったな。あの場面が今でもはっきりと思い浮かぶ」

現在の山村留学施設の隣家に住む原忠義さん（54歳）は、当時の梶の姿をふりかえり言う。

「どこのヨソモノだ？　どうせすぐ帰るだろう、という声があったなあ」

忠義さんは教育委員の原嘉秀さんの息子で、ちょうど梶と同じくらいの年齢だった。村の青年もまた半信半疑で見つめていたのだ。

梶らが最も大事にしていたことは、山村留学を実施する際、子どもたちに村の住人としてのマナーを教えることだ。そしてそれ以前に、スタッフ自身が住人になる努力をし続けることだった。

近隣には飯田市や名古屋市がある。物理的には生活拠点を都市に置き、必要なときのみ泰阜村に通うという選択肢もあり得た。しかし、梶は泰阜村に生活拠点を置いて住人になる覚悟を固めていた。

急峻な地形は稲作を困難にさせてきた。江戸時代には年貢米の替わりにサワラの木を年貢として納めていたような地域だ。そんなきびしい環境で生き抜いてきた人びとは、うわべだけの付き合いを本能的に望んでいない。泰阜村の住人は、常にヨソモノの「覚悟」を見抜く。

「梶さんは、『村に迷惑をかける子は来ません、ここはひとつ信用してほしい』と言い続けたなあ」と、原嘉秀さんはいう。

福島県棚倉町出身の梶さち子（左）。その芯の強さは村のおじいまにも見初められた

村に嫁に来るつもりでという覚悟を示した梶は、村人たちに粘り強く説得を試みた。

「梶さんがそこまで言うなら、全員が全員、賛成ではないけれど、いいじゃねえか、ということになったんな。俺なんか教育委員として、集落の住民に了解してほしい、という立場だったもんで、『おめえ、何をこいとる（言っているんだ）。教育委員だからってそんなわけにはいかんぞ』とも言われた。まあ、でもなんとかなったな」

原さんは、教育委員として、そして集落の住民としての苦しい胸の内を明かす。

松澤さんも「まあ、懐かしい話だわな」と、当時のことを笑い飛ばす。

「反対があることは、なんだって当たり前よ。あとはそれをどう理解してもらう努力をするか、地域はそれをどう理解するかだもんで。その理解も前向きな理解もあれば、半信半疑の理解もある。まあ、それが世のなかの常よ」

本来、1986年4月に始まる山村留学は、20人の子どもが参加予定だった。しかし、村人に理解をもらうのに半年かかったため、夏も終わろうとしていた同年8月にようやくスタートした。参加した子どもたちは、わずか4人だった。

子どもたちが家を建てた！

1986年の山村留学は、田本集落の民家を借りての合宿生活から始まった。埼玉県から来た小3のタケ、愛知県から来た小4のゴイチと中1のクリ、三重県から来た小6のエガワ。子ども

4人、梶と大越を含めたスタッフ3人、みんなあわせて7人。小さな山村で子どもたちの「学びの場」を模索する小さな教育実践の試みの始まりである。

「ゴイチ、タケちゃん、クリ、エガワ。屈託のない4人のかわいい子が、コロコロと。子どもってのはいいなあ、と。家にも遊びにきた。大越さんといっしょに来て、一杯飲んで、泊まっていった父兄もいたな」

民家の隣に住む松澤さんは、25年前を思い出して微笑む。

しかし、民家での初めての暮らし。地域からの奇異の目にさらされ、学校との調整、保護者との連絡に追われる毎日。その作業と教育理念の狭間に生じる葛藤。始めから多くの課題が立ちはだかった。

それでも、立ち止まっている場合ではない。

うまくいかないことが多いなか、子ども4人とスタッフは夢を語り合い続けた。暮らしのなかにこそ

私たちの山村教育はこの民家から始まった。屋号は「中垣外《なかがいと》」

「学び」がある、という信念でこの活動に人生をかけた梶。その梶とともに暮らす子どもたちが

「自分たちの家は自分たちで建てたい」という夢を語り合うのは、自然の流れだったのかもしれない。

1987年、2年目を迎えた山村留学には、15人の子どもたちが参加した。そして、1年目の子どもたちが夢を描いた自分たちの家の建設に、来る日も来る日も明け暮れることになった。

村の大工が手伝ってくれたとはいえ、資金がないので充分な基礎工事ができない。穴を掘って柱を建て、そこにコンクリートを流し込むだけの掘っ立て小屋だ。柱を建てる穴をひたすら掘る作業、その柱の皮をひたすら剥く作業。子どもたちは早朝と学校から帰ってきてからの時間をほとんど作業に費やした。

「俺たち全員が棟梁だ」

これが子どもたちの合言葉だ。周囲には「子どもには無理だ」という冷ややかな目もあった。しかし、梶らと子どもたちの一生懸命な姿に、いつしか近所の人たち、子どもを持つ親、キャンプの仲間たちが協力し始めた。

新しく建設する家の隣に住む原嘉秀さんは、その当時の様子を語る。

「母屋を建てるとき、梶さんが民家からよくお茶を持ってきていてな。その梶さんが、下を向いてとぼとぼ歩いてくる。なんか梶さん、様子が普通じゃねえぞ、何か困ったこと、悲しいこと、苦しいことがあるに違いない、と女房と話していた。梶さんに、『なんかあったら話しな、

苦しいことがあったら協力するぞ』と待ち伏せして聞いたんだ。梶さんは『なんにも苦しいことはありません、子どもたちはいい子で逆に助けてもらっています』と。いやいやたいした人だな、と思ったよ」

建設作業に明け暮れる子どもの姿もよく見ていた。

「帰り道、普通の道路を歩かず、山道やあぜ道をわざわざ歩いてくるんだよ。それでな、3人ばかりの子が大きな声で騒いでいた。ヘビをつかまえて、首にまいたり手にまいたり、振りまわして歩いてくる。とんでもねえな、と思って、『もしそれが毒ヘビだったらえらいことになるぞ』と言ったら、『おじいちゃん、このヘビは大丈夫だ』と言われたよ。わっはっは」

子どもが手がける家づくりを心配そうに見守るご近所の人たち。そのあたたかなまなざしにも助けられ、半年間の建設作業の後、念願だった自分たちの母屋が完成した。

電電公社（当時）の払い下げでいただいた木の古電柱、国鉄（当時）の払い下げでいただいた枕木、村長さんからいただいた間伐材、近隣自治体の廃校からもらってきた窓枠など、お世辞にもきれいとはいえないが、廃材や気持ちでいただいた材料を駆使した母屋だった。

「丸太の古材を使った建物に度肝を抜かれた」

現在教育委員の吉澤悦史さん（57歳）は、初めて母屋に足を踏み入れたときのことをそう降り返る。この母屋は6間×12間の長方形。床面積は約233平方メートル。民間で始めた山村留学だけに、建設費用に行政の補助金・助成金は入っていない。

来る日も来る日も、母屋の建設作業に明け暮れる

この母屋の設計は子どもたちとスタッフでした。そのときに大事にしたことは、みんなの顔が見える空間にしたいということだ。食事づくりやごはんを食べるお勝手。そのお勝手はそのまま大広間に続き、大広間を囲むように子どもの部屋が六つ。一つの部屋は2間×2間の広さでおおよそ8畳間だ。お勝手で笑い声があがれば、部屋からみんな出てくる。ある部屋でシクシク泣いていると、みんな気をつかう。暮らすみんながみんな、どこで何をしているのかが、なんとなくわかる母屋。それを目指した。

プライベートがないというかもしれない。しかし、それよりもみんなで暮らしている一体感を優先したのだ。それは「混沌さ」を意味する。その混沌さがまさに「暮らし」なのだ。暮らしがきちんと整理されてしまったら暮らしではない。何が起こるかわからないから楽しいのだ。そんな暮らしが展開される母屋が完成した11月、棟上げを終えると地域の人びとを招いての祭りを行なった。

屋号は「だいだらぼっち」!?

富士山に腰かけて、大井川でふんどしを洗ったそうな――

富士山を囲む地域によく伝わる大男の民話がある。富士山は変わらないが、地域によっては大井川が、利根川になったり、天竜川になったりもする。ここ伊那谷では、もちろん天竜川でふんどしを洗った大男の話になる。

この大男の名前を「だいだらぼっち」という。地域によっては、「でいだらぼう」とか「だらぼっち」などとも呼ばれる。最近では、映画「もののけ姫」のなかで、自然をつかさどる妖怪で「だいだらぼっち」が出てきた。なので、今では民話より映画の妖怪のほうが、子どもたちには通りがいい。

「笹ノ田のこぞう」「亀屋のおじいま（おじい様の意味）」「丸屋のおばあま（おばあ様の意味）」

泰阜村では、屋号（家の名前）で村の人びと同士が呼び合う。半年かけて建設した手造りの母屋の屋号をどうするか。「〇〇センター」などと呼ばれるのは無機質だ。なにより、地域に根ざしていないと感じる。

梶はこの場所を、「施設」として村人たちから認識されないようにしたい、と思い続けてきた。村の自治構造、村のしきたり、村のしがらみなどから切り離されて、母屋が存在する。それはそれで、団体が運営するうえではやりやすいかもしれない。

しかし、村の住民としてやりやすいのかといえば、それは違う。

施設ではなく、一つの家として認められたい――

その強い想いは、梶の姿勢と行動にあらわれていた。葬式、共同作業などの地域行事、学校行事。梶は子どもたちだけを母屋においてでも、最優先でこれらの行事にすべて参加した。

「施設のスタッフだから特別に行事に出なくてもいい」

梶が、村人から絶対に言われたくない言葉、思われたくないことだった。そんな梶が、母屋に屋号をつけようというのは当たり前のことだ。それまでお借りしていた民家は「中垣外《なかがいと》」という屋号だったが、新しい母屋は民話の大男の名前をとって「だいだらぼっち」という屋号にした。

おおらかで、自然を愛し、気はやさしくて力持ち

——

1年間の暮らしを自分たちでつくることを通じて、おおらかな心を持ってほしい。自然を愛し、自然と共存を目指す豊かな心をもってほしい。自らの力を他人のために使うような、やさしい支え合いの心を持ってほしい。屋号にはそんな願いが込められている。

そして、いつしか母屋は村人から「だいだら」や、「ぼっち」の名で親しまれるようになり、スタッフや子どもは「だいだらの梶さん」や「ぼっちの子」と呼ばれるようになっていった。

古電柱と枕木、間伐材で建てられた母屋。6間×12間の広さを持ち、子どもの部屋は6つあった

3　ヨソモノが村に根を張る

おつきあいしませんか

泰阜村のような山村は、集落ごとに自治会がある。「だいだらぼっち」がある田本集落には、六つの班があり、それぞれが10～20戸で構成されている。

梶が大越とともに民家を借りて暮らし始めた当初は、田本第二班に属していた。同じように、「だいだらぼっち」の母屋を建設してからは、第一班に属することになった。

「班のおつきあいをどうするかな」

お隣さんからまっ先にこれを聞かれる。つまり、隣組ともいうべき班の構成員になるかどうか、ということだ。「どうするかな」ということは、おつきあいをしなくてもよいという意味も含んでいる。たとえば、新しく赴任してきた学校教員が、教員住宅に住む場合など、おつきあいをしない、という場合だってある。

梶は、すぐにおつきあいをすることを選んだ。そうなると、班や集落のいろいろな共同作業に駆り出される。とにかくたくさんあるのだ。

まずは、春、夏、秋の道路維持作業、道普請《みちぶしん》ともいわれる。住民自らが道路清掃や水路の溝掃除を行なうのだ。早朝7時から昼前までたっぷりと、国や県が面倒をみない村道や林道の清掃作業をやる。これは、各戸から必ず一人は出労することになっており、この作業に出ないと、「出不足」といって、班の会計に3000円の負担金を支払わなくてはならない。

冬は雪かきだ。信州の南端にある泰阜村は、太平洋気候に属して冬は晴天が多いのだが、ときに強烈に冷え込む。雪は少ない地域だが、ひとたび降ると、急峻な地形だけに道路の雪かきが必須になる。雪が前日の夕方から夜に降り積もった場合は、早朝6時ごろから出役し、凍えそうな寒さのなかで道路の雪を人力でかくのだ。

村は祭りも多い。集落の神社の春・秋の例祭、集落文化祭、それに村の伝統的な祭り、そして村の文化祭……。集落の神社では、宿六《やどろく》という班持ち回りの担当制で準備や片づけを行なう。六つの班があるから、宿六は6年に一度なのだが、担当の年は大忙しとなる。

行事ごとの懇親会も毎回ある。酒が飲めればそれでいいが、飲めないとたいへんだ。なにしろ村の人たちは注ぎ上手だ。

「そんなんじゃ（酒が）入らんなあ」

要は「注げないから飲め」ということだ。飲まなければ心を開いてくれない、とはあながち嘘ではないと思う。酒を飲むときは、焼肉がつきもの。そこに打ち上げ花火があればもっとよい。たまに蜂の子やザザムシなど郷土食のつまみが食卓を彩る。そういう文化の村だ。

集落総出の秋の道路愛護作業。「だいだらぼっち」の子どもたちも参加する

そして、葬式。最近でこそだんだん減りつつあるが、その時代はおつきあいしている班で誰かが亡くなると、班の構成員総出で葬式を支えるのが普通だった。受付、賄い、接待、墓穴掘りなどなど、一人の人間を送り出すことは本当にたいへんだ。1993年、私もこの村に来てすぐ葬式があり、墓穴を掘った覚えがある。

「あんちゃん、どうしてこの村に来たんだ」

いっしょに穴を掘りながら、富屋《とみや》のおじいまの村松由暉《よしてる》さん（78歳）にいろいろと聞かれたことを思い出す。

「だいだらぼっちの子どもたちがすごいな、と思いまして……」

矢継ぎ早にとんでくる質問に、私はうまく答えられなかった。今思えばなんとも頼りない青年だったに違いない。

ちなみに私は、「元旦マラソン大会」という集落総出の行事の実行委員会を、17年続けている。毎年大晦日と元旦は、地区の中堅層の人たちと共同作業だ。春から秋は集落のソフトボールチームの選手、夏は班のゲートボール大会の選手、冬にはバレーボール大会の選手にと忙しく駆り出されている。そしていつしか集落の社会体育行事には必ず声がかかるようになった。

草刈りやってねえな

梶や大越は、これらの班の共同作業や文字どおりのおつきあいを、最優先にし、しかもすべて参加した。もちろん私もだ。

村の人びとは、「だいだらぼっち」の活動内容を評価する前に、村人としての活動内容をまず評価する。

「草刈りやってねえな」

「だいだらぼっち」がいくらがんばって村外から高い評価を得ても、屋敷周りの草刈りをしていなければ、村内では低い評価が下される。

それではダメなのが村だ。

「道路維持作業とか集落の行事とかをいっしょになってやる、っていうことが、住民と溶け合うために一番大事なことだに。俺たちは違うぞ、そんな作業はやらんぞ、なんていうことになると、ちょっと難しいだろうな。そうなると日常的な話をしなくなるもんで。どんなことも、いっしょになってやるってのが大事」と、原嘉秀さんは語る。

松澤さんも「なんでもそうだけれど、お互いに、いっしょにつくる気持ちがないとな。そしてお互いの

「今朝、採れた野菜だに」と、お隣の原嘉秀さんからお裾わけ

想いに応える、という気持ちがないとだめだ」と言う。

逆に草刈りや共同作業をしっかりやっていれば、「だいだらぼっち」の活動で少々問題が起こっても、わりと許されてしまう。

「共同作業には村の人より多く出た。村の人が担ぐ量の2倍、3倍と担いだし、村の人より率先して雑用をやった。消防団にも入り、集落の自治会役員にもPTA役員にも率先して手をあげている。それでも理不尽な言いがかりをつけられることがあった。でも努力を続けるうちに、そうした言いがかりから他の村人が援護してくれるようになってきた」

1988年から「だいだらぼっち」に加わった村上忠明（46歳）は、当時をふりかえって言う。

村上は結婚して家庭をつくり、子どもが産まれてからも、地区のおつきあいを次々にこなした。田本集落の安全協会員から始まり、集落の道路の状況について住民の意見を村行政に届ける道路部長、田本第一班の班長など、集落の自治活動に積極的に参画したのだ。

また、子どもの成長につれ、保育園の役員やPTA役員も引き受けた。そうした活動が地区で一定の評価を得ると、今度は若手不足に悩む消防団からもお誘いがかかる。

消防団活動については、消防車や救急車が到着するのにかなりの時間を要する村ゆえ、その必要性は重々承知していた。しかし、夜間や土日の練習、消防大会に駆り出されると、その時間が大切な暮らしの学校「だいだらぼっち」の活動に大きな影響を与える。

村上しか男性職員がいなかった時代は、消防団活動に参画できないことに特別に配慮をいただいていたが、若い男性スタッフが入ってくるようになると、村上も消防団活動に参画するようになった。

「だいだらぼっち」の教育活動より、草刈りなどの住民活動。私たちは、このような山村特有の論理を理解しようと努力し続けた。住人になる努力をし続けた。ただそれだけだ。もちろんそこには、「この村で生き抜く」という並々ならぬ覚悟があったのは、間違いない。結果的に私たちは、地域を支えている住民組織の担い手としての期待にも応えてきたことになる。

当初から、さまざまな立場で私たちを見つめていた3人は、今では次のように語る。

「地域のためによくやるようになった。地域に溶け込めばいい。特別な目で見る住民はもういない」と松澤さんが語れば、

「普通の住民として、きちんとつきあってくれるじゃねえか、という気持ちに、みんながなってきたのが大きいことだよ。今は、ありがたく思われている。集落の役員をやってくれる、という評価もある」と原嘉秀さんも同調する。

「子どもが悪いんじゃない、スタッフが悪いと言い続けていた。今はそういう想いはないし、そんな話も聞かない。地域のおつきあいもするし、消防団にも入るし、お手伝いもするし、それはありがたい。わしはそういうことが、やっとわかってきた。20年くらいかかったな」

最初に猛反発していた中山さんから理解を得たのは、ほんの5年ほど前のことだ。

第2章

暮らしの学校「だいだらぼっち」

——泰阜村の暮らしから学ぶ

自然を愛し、気はやさしくて力持ち……、
いったいどんな学校？

1 集落（むら）に生きる

自給自足的な暮らしの学校

長野県泰阜村田本　暮らしの学校だいだらぼっち

―――

ここは、全国から集まった子どもたち（15～20名ほど）が暮らす山村留学の宿舎。1年間の共同生活を営みながら、村の小中学校へと通う。子どもたちが食事をつくり、風呂を沸かし、掃除や洗濯など、生活の一切を自ら手がけている。暮らしのなかでケンカは当たり前。困ったことは多数決を用いないで、納得のいくまで話し合って解決する。

ストーブや風呂の燃料はすべて薪。その薪も許可を得て村の里山に入り、地元のお年寄りといっしょ

母屋のど真ん中にある薪ストーブを囲み、今日も子どもたちは「暮らし」をつくる

に間伐作業をして確保する。田んぼや畑で稲や野菜を育て基本的な食材は確保し、敷地内の手づくりの登り窯で焼いた食器でごはんを食べる。文字通り手の届く範囲での「自給自足」の暮らしを体験する。

飽食・モノ余り・希薄な人間関係の時代にあって、とてもシンプルな暮らしをしているが、そ

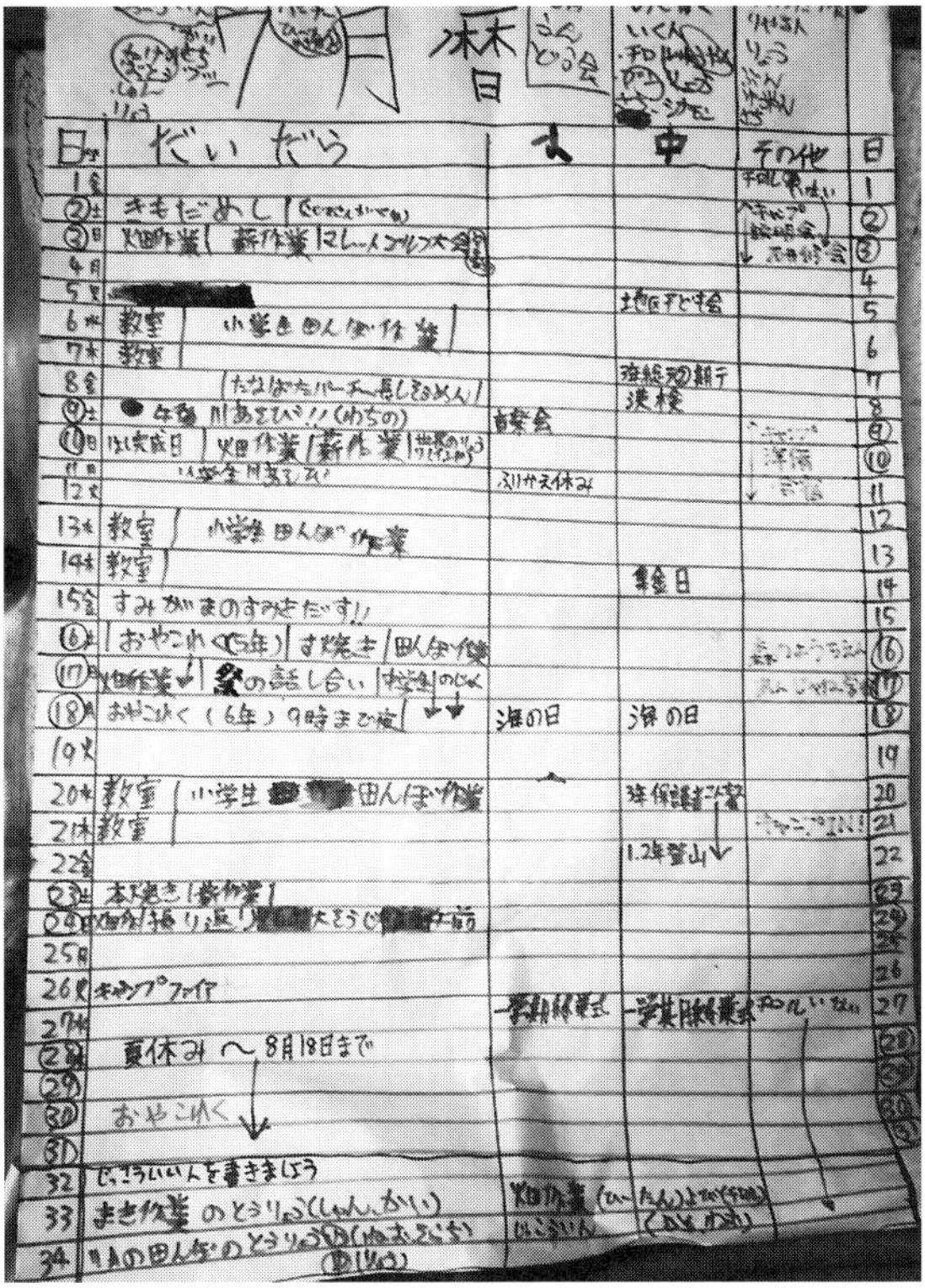

年間と毎月の「段取り」を子どもたちが、ああでもない、こうでもないと考える

の日々には多くの「学び」が凝縮されている。それらを丁寧に拾い上げれば、それはまさに村の公立学校と比肩する、地域に根ざした「暮らしの学校」となる。

炎のメッセージ① 地域に根ざし、暮らしから学ぶ

これはNPOグリーンウッドの活動理念である。暮らしのなかにこそ「学び」の原点がある。日々の暮らしは「生きる基本」を学ぶための優れた学校だ。日本の農山村には、その風土によってつくりだされた独自の「暮らしの文化」がある。グリーンウッドは、その文化が潜在的にもつ教育力を体験活動に反映し、支え合いや自律についての学び合いを大切にする。

また、村の人びとに協力を仰ぎながら、農作業や炭焼き、山で暮らすルール（結い）、話し合いによる課題解決（寄り合い）など、さまざまなライフスキルを子どもに伝える。泰阜村に根ざした生活の知恵をできる限り体験活動のなかに取り入れることで、子どもや青年の健全な育ちと地域の活性化を目指している。

どんな子どもが来るのだろう

「だいだらぼっちには、どんな子どもが参加するんですか？」

「だいだらぼっち」の山村留学を初めて知った人は、必ず聞いてくる。そりゃそうだ。1年間

も親元を離れる子どもだ。興味がわかないほうがおかしい。

しかし、それに答えるのはなかなか難しい。

子どもたちはいろいろな背景を持って集まってくる。一人っ子もいれば兄弟姉妹がたくさんいる子どももいる。片親の子ども、学習発達に遅れがある子ども、障がいをもつ兄弟姉妹がいる子ども、都市部の学校に馴染めなかった子どももいる。

そんななか、「だいだらぼっち」に参加するために必ず持ってくるべきものが、ただ一つある。それは「やる気」だ。それまでその子どもがどのような状況であったとしても、泰阜村で1年間、村の子どもになってやりぬくという「やる気」があれば、合格だ。

2004年。だいだらぼっちの募集面接で、自分の「やる気」をうまく表現できない子どもがいた。大阪から来た当時小4のハルナ。ずっと黙ったまんま1時間が過ぎる。

それでも誰も助け舟は出さない。親はハラハラしながらその様子を見ていた。2時間も待てば、ぽつりぽつりと言葉が出るようになる。「やる気」を言葉でうまく表現できなくとも、表現しようと悩む。その姿勢にこそ「やる気」がにじみ出る。

子どもはいうまでもなく、人のせいにするプロフェッショナルだ。不完全なのが子どもなのだから仕方ない。しかし、もし自分で「やる気」を見せずに親に決められて「だいだらぼっち」の山村留学に参加したとしよう。すると、1年間の生活のなかで困難な場面にぶつかったときに、子どもは「だって自分が来たくて来たんじゃない」「親が行けと言ったから来た」と、たやすく人のせいにしてしまうだろう。

小さな胸に覚悟を抱くこと――

私たちはもちろんだが、きびしい自然を生き抜いてきた泰阜村の人びとは、それを求めている。前歴は問わない。しかし覚悟を決めた子どもたちを、この村の人びとは全力でサポートするだろう。この村はそういう暮らし方を常にしてきたのだから……。

一方、そんな子どもを送り出す親は、どんな親たちなのだろうか。

「だいだらぼっち」の参加費用は2011年度の場合、月額8万3000円。このうち1万6000円は泰阜村から保護者に補助される。さらに新規留学の場合は年間30万円、継続留学の場合は15万円の施設管理費用が加わる。つまり、子ども一人当たりで年間95~110万円の負担となる。これは決して安くはない。

しかしながら、その額を負担できるほどの親は「さぞかし裕福だろう」と思うのも早計だ。

1年間の山村留学を決めた娘を、お父さんは心配そうに見つめる

「親としてはしぶしぶでした。でも、あの（泰阜村の）環境は（お金では）買えません」

娘を中学2年から2年間参加させた嶋田敦子さん（48歳）はしみじみ言っている。嶋田さんは母子家庭。家計が苦しいことは想像に難くない。にもかかわらず2年間参加させた。

「だいだらぼっち」に子どもを送り出す親には、母子家庭の方もいれば、共働きでなんとかやりくりしている方もいる。どうしても子どもが行きたいといって聞かず、「自分が働いたら返す」という子どもの言葉に、借金をしてでも参加させた親もいる。

要は価値観だ。私学や塾に投資するのか、「だいだらぼっち」に投資するのか、最終的には、その価値観の問題なのかもしれない。

文部科学省の「平成二〇年度子どもの学習費調査」によれば、私立中学校の年間平均学費は約95万円。学習塾の年間平均費用の約13万円を足しても、「だいだらぼっち」とあまり変わらない。生活費が含まれていることを考えれば、むしろ「だいだらぼっち」の方が経済的ともいえる。

「だいだらぼっち」の定員は20人。それよりは増やさない。参加費には、食費、燃料費、体験活動費、保険料、人件費が含まれる。人件費を含むとなれば、経営的にはもっと人数を増やしたいところだが、やはり20人が受け入れの限界だ。20人を超えると、話し合って解決することが難しくなる。とくに学術的根拠があるわけでもないが、一人一人の意見を大事にして物事を決めていくやり方は、20人を超えると成立しない。これは経験的直感だ。学校に例えれば、いわば少人数学級の進め方を、25年間実施してきたということなのだ。

炎のメッセージ② 夢っていったいなんだ？

「だいだらぼっち」に参加する子どもの面接で必ず言うことがある。

「だいだらぼっちは、夢を持ち寄る場だ。それぞれが夢を語り合う場だ。それぞれの夢を応援し合う場だ。そして、力を合わせて夢を実現する場だ」

「あなたの夢は何？」と聞かれて、答えるのを恥ずかしがる子もいる。夢という響きに、今どき馬鹿らしいと感じる子もいる。

子どもに夢がなくなったのではない。夢を語り合える関係性がなくなったのだ。夢が語り合える安心感があれば、きっと子どもたちから夢はわいて出てくる。そして、夢が語り合えたなら、みんなで応援し合うことだってできるはずだ。

「だいだらぼっち」では、その関係性を大事にしている。そして、子どもが力を合わせて夢を実現する力を信じている。だから、お互いの「夢」を馬鹿にすることはない。

小さな村の愉快な学校

「だいだらぼっち」の子どもたちは1年間、村の小中学校へと通学する。１９９０年代初頭まで、泰阜村の小中学校は二つずつあった。少子化で中学校が１９９３年に統合され、２０１０年には小学校が統合、今では小中学校が、同じ敷地に一つずつになってしまった。「だいだらぼっち」から小中学校までは、子どもの足でも10分もあれば着いてしまう。「だいだらぼっち」のある田本集落は100世帯ほど。村内でも人口が多い方で、他の地区に比べれば子どもの数も多い。登下校は、ときには近所の子どもといっしょに歩くときもあれば、「だいだらぼっち」の子どもだけが遅刻ギリギリに飛び出して行くということもある。

「今年はどんな子がくるの?」と、村の子どもたちは興味津々で新学期を迎える。

小学校は学年1クラス(1クラスは10人前後)で、当然、保育所から小学校、中学校までクラス替えがないから、ほぼ同じ顔ぶれとなる。そんななか、転校生である「だいだらぼっち」の子どもたちは、村の子どもたちにとって刺激的な存在のようだ。

都市部の雰囲気を漂わせる「だいだらぼっち」の子どもは、一躍クラスの人気者になる場合もあれば、距離を置かれる場合もある。たとえば、都市部の学校の学習進度の違いから学力にいきなり差が生じる場合もあるし、不登校の子どもの場合は、逆の意味で差が起きる。

村の親御さんもまた、別の意味で興味津々である。

「来年は、ぜひ5年生をお願い! 女の子がいい!」

統合したとはいえ一学年10人前後。一人でも多くの児童生徒を確保したいのが親心だ。現在、私も小学校に次男と長女、中学校に長男を通わす親である。PTAの懇談会のときなどは、同学年の親御さんから「だいだらぼっち」へのお願いが飛び出すときもある。

愉快なのは運動会である。

「こんな運動会、見たことないですね」

小学校の児童数は約90人。子どもたちの種目出番は、都市の大規模小学校とは比べものにならないほど多い。徒競走、全員リレー、綱引き、大玉転がし、低学年・高学年種目、児童会種目、組み体操や踊りなど、たっぷり一人10種目ほどは出番がある。種目以外にも準備に片付けにと校庭をめまぐるしく駆け回り、まさに1日かけての「運動会」だ。

村長をはじめ議会議員、教育委員、民生委員、PTA役員など、子どもの数より多い来賓が招かれ、子どもたちに声援を送る。この村では、地域の方や保護者は皆、自分の子どもだけを応援するのではなく、他の子どものことも自分の子どもとして応援する。これは運動会以外でも当たり前の光景だ。

「子は宝」とはよくいったものだ。

運動会は大忙し。村の人びとは、子どもたち全員に等しく応援の声を送る

集落に育てられて

1987年、「だいだらぼっち」の母屋の土地探しをするなかで、もっと山奥に建てる案もあった。子どもにとってみれば隠れ家のような感じでワクワクするのだ。

しかし結論は、田本集落の土地に決めた。それはなぜかというと、あえて集落の人たちとの関わりがある方を選んだということだ。山奥の土地なら、集落の人の目を気にせず暮らせたかもしれないが、それは梶や大越が望んでいた暮らしとは違った。集落の目を気にして暮らすこと、それを消極的に捉えるのではなく、子どもたちの暮らしを豊かにする積極的なものとして捉えたかったのだ。

かくして1年目に借りた「中垣外《なかがいと》」にほど近い場所を、子どもたちの家を建てる土地と決めたのである。そして来る日も来る日も子どもたちが建設作業に汗を流した。

「あの、冬でも半ズボンで学校に通ってた子、誰だったかな。ああ、ゴイチ君だ」

当時小5のゴイチは、田本集落の有名人だ。雨が降ろうが、雪が降ろうが、とにかくどんなときも半袖半ズボンが彼のトレードマークだった。信州のきびしい寒さのなかで年がら年中とは驚きだ。集落の人びとも、それは強烈に覚えているらしい。

田本の人は、「だいだらぼっち」の子どもたちの毎日を実によく見ている。

「ゴイチ君、今日は悲しいことがあったのかなあってね」

「だいだらぼっち」の隣に住む原嘉秀さんは、畑仕事をしながら登下校する子どもの様子を見ていた。いつもは元気にあいさつするゴイチ君が、今日はこちらからあいさつをしても返事が返ってこない。「こりゃあ何かあったな」と。

もちろん、よいことばかりではない。学校の帰り道に子どもが田んぼの水路に転がっていた石をどけて、水遊びをしたときのことだ。その夜、田んぼの持ち主のおじいまが血相を変えて「だいだらぼっち」に怒鳴り込んできた。

「どういうつもりだ。ちゃんと子どもに教えとけ!」

子どもはなぜ怒られているかわからない。水路の石をどかしただけのことじゃないか、という顔をしている。

責任者の梶が平謝りして一応事なきをえた。その後、梶は子どもに切々となぜあのおじいまが怒ったかを説いた。

田本集落は斜面にへばりつく水の少ない集落だ。しかし「田」の字が付く集落は、山の向こう側にある川の水源から、数キロメートルにわたる水路をつくってまで米づくりにこだわった。その途方もない水路建設に、集落全戸がお金と労力を出し、今も皆で維持管理している。集落に張り巡らされる細かな水路ごとに水が流れる時間が決まっている。田本集落は水を確保する闘いの歴史だったのだ。

子どもたちもここまで説かれるとようやく理解する。自分がどかしたあの石は、転がっていたのでなく、わざわざ置いてあったのだということを。そして、その石が、おじいまの生活を支えているということを。

こうして集落に住むマナーを、子ども心に学んでいくのだ。

「だいだらぼっち」では、毎年秋に地域への感謝祭を開く。子どもたちが建設した母屋の棟上を祝って、地域の人びとを招いたことが始まりだ。以来、今まで25年。毎年欠かさず開催し、子どもたちは創作の演劇などを披露する。今では、田本集落の人たち、小中学校の子どもたち、そして教員の皆さん、ときには村長や村議会議員まで、さまざまな人が集まるようになっている。

2　集落（むら）の暮らしから学ぶ

「朝づくり」

「寝過ごしちゃった！」

朝6時。朝ごはん担当の子どもが起きてくる。続いて、もう一人も寝ぼけまなこで台所に降りてきた。どうやら前日に段取りしていなかったようだ。私もいっしょに朝ごはんをつくることにした。本日期末テストだという中学3年生は、早朝から勉強をしていたらしいが、起床時間の6

時30分を過ぎても他の子どもたちはなかなか起きてこない。

6時45分。朝ごはんができあがり、朝ごはん担当の「朝ごはんできたよ！」という声が母屋に響き渡る。

泰阜村では、朝めし前の一仕事を「朝づくり」と呼ぶ。朝ごはん前の涼しい時間に、屋敷周り

仲間のつくる朝ごはんを食べて、今日もだいだらぼっちの1日が始まる

の掃除や畑の草むしり、小屋の修繕など、軽い仕事をやってしまうという慣習だ。「だいだらぼっち」の子どもたちも、朝起きたらまず風呂やトイレ、玄関など、みんなが使う場所の掃除を分担する。朝ごはんづくりもそのうちの一つなのだ。

信州の冬の朝は氷点下は当たり前。春から夏にかけてみんなで割っておいた薪をくべて、薪ストーブを囲むと、やっと子どもたちの顔がなごむ。

泰阜村は、川と山によって他地域との行き来が大幅に制限されてきた。このために、村外の資源に極端に頼ることなく、地域内の資源を総動員して生き抜いてきた村でもある。村人が自分たちでやらざるを得なかったと言えばそれまでだが、要は、きびしい環境だからこそ泰阜村の「自立の気風」が生まれたのだ。

「だいだらぼっち」の共同生活では、子どもたち自らが食事をつくり、洗濯、掃除、ルールづくり等、生活の一切を手がける。「朝づくり」も同じだ。

自分たちのことは自分たちでやる。それは、この気風から学ぶことである。

「行ってきまーす!」と、次々に元気よく出て行く子どもたち。子どもたちが去った母屋を見渡すと、ため息が出るほど散らかっている。「だいだらぼっち」の子どもたちの子どもらしい場面をたっぷり感じる朝なのだ。

こうして「だいだらぼっち」の1日は始まっていく。

炎のメッセージ③　結果より過程のしなやかさ

泰阜村の「朝づくり」＝朝めし前のひと仕事の慣習。「だいだらぼっち」の子どもたちは、しっかり掃除できているかといえば、必ずしもそうではない。掃除しなければならないことは、頭ではわかっていても、行動に移すことがなかなかできない。いかに、掃除の楽なところを考えようか必死だ。あわよくば、やらないで済むうまいアイディアはないか、子どもたちは常に考えている。

「やる気」と「行動」は、そんなに一致するものではない。みんなで決めたルールも、できる子もいればできない子もいる。しかし、実は「できたかどうか」が大事なことではない。「やろうとしているかどうか」という気持ちが大事なのだ。

「みんなで決めたルール」も、「守ろうとしているかどうか」が大事で、守れない子がダメなわけでは決してない。そもそも子どもは不完全な存在だ。それでよいではないか。子どもたちの暮らしは常に混沌としている。

「がんばろうとしているんだけれど、できないんだ」

そんなとき、守れない子を変えるのではなく、ルールを変えればいい。泰阜村の山村教育では、そんなしなやかさも養いたい。

もったいないの本質

「行ってきました！」

子どもたちが村の小中学校から帰ってくる。行ってきましたとは、「ただいま」を表すこの地域の方言だ。

「だいだらぼっち」では毎日、朝ごはんも夕ごはんも、子どもたちがスタッフの手を借りながらも自分たちでつくる。4月、5月は、慣れない手つきで食事をつくる子どもたち。もちろん刃物や火の扱い方はたどたどしく、料理はお世辞にもおいしいとは言えない。それでも畑の野菜や冷蔵庫の中身と相談しながら、食事づくりに励む子どもたちの顔は、満足げに輝いている。

子どもたちの料理は常に独創的だ！　失敗したからといって、「食事づくりはもうしない」といかないのが暮らしだ。誰かがやらなければ食事は出てこない。たとえ食事づくりが上手くいかなかったとしても、次の食事も、その次も子どもたち自身で手がけるのだ。

日々の積み重ね。これは本当に尊い。いつしか、子どもたちの料理の腕もあがってくる。

「おいしい！」「ありがとう」

仲間から感謝されたりしようものなら、次の食事もつくる、と言い出すほどだ。

ところが、食事づくりの当番に入っていても何らかの理由でできない子もいる。すると周りの子どもは、すかさずその子を責めたてる。

「（当番を）やるっていったじゃないか。なぜやらないんだ」

責めるのは簡単だ。でも、仲間の理由を察知し、さっと替わって当番につく子もいる。

「替わってくれて、ありがとう」

感謝の意味するところは深い。ともに暮らす仲間からの感謝の気持ちは本当にうれしい。それが自然と出てくる感謝ならなおさらだ。感謝の気持ちが共有されるようになると、子どもたちは不思議と食材に目が向くようになる。

「だいだらぼっち」では、手の届く範囲の自給自足を目指している。野菜の収穫期になると、隣近所の農家から季節感たっぷりの野菜が届く。というよりも、ものすごい量の野菜で台所があふれかえる。一人1玉ずつレタスを食べたとしても、何日もかかるほどだ。

「だいだらぼっち」の子どもが手がける田んぼは2010年度、約20アール（2000平方メートル）になった。90歳になるおばあまから「もう米づくりをする体力はないが、手入れしないと田んぼが荒れていく。だいだらでやってくれないか」とお願いされ、これまでの倍の面積で米づくりをすることになったのだ。

このおばあまは、何十年この美しい棚田を守ってきたのだろうか。私たちがその棚田を借りて米づくりをするということは、このおばあまと彼女を支えた地域の人びとの歴史を受け継ぐということなのだと、子どもたちの気持ちが引き締まる。

そして1年。子どもたちはおばあまに教わりながら無農薬で米を育て、見事に棚田を守った。

冬に食べる米は自分たちでつくる。
そう思うとひとつひとつの作業が真剣になる

もちろん、すべてが上手くいったわけではない。無農薬栽培ということは、すなわち草取りに向き合うということ。子どもたちは決断に責任を持つことが問われる。責任に向き合えず、雑草を放置したときもあった。言うことはすばらしくても、行動がまるで伴わないことなんかしょっちゅうだ。

悪戦苦闘しながらも、秋口にはたわわに実った「だいだらぼっち」の稲。

「うまーい!」「なんでこんなにおいしいの!?」

子どもたちは自分たちが育てた米に、どれだけの涙と汗と葛藤が凝縮されているのかわかっている。そして同時に、これまで自分たちに食材を提供してくれた人たちに想いを巡らせるようになる。子どもたちは食材を通して、村のおじいま、おばあまが営んできた循環型の暮らしとその歴史の積み重ねに感動するのだ。

「もったいない」

村の暮らしのありようを、的確にあらわす言葉だ。「だいだらぼっち」でも、食事から出た生ゴミは、落ち葉やワラといっしょにして堆肥にし、畑や田んぼにまいている。

しかし、「もったいない」はそれだけではない。

「お米を洗っていてこぼしたとしたら、たぶん普通にしてたらもったいないってならないと思います。あったとしても、何円で買ったのに! というお金的な面でもったいないと思うかもしれません。でも『だいだらぼっち』で教えられたことは、このお米のひと粒をつくるのに、どうやって誰がどれだけがんばったかという、人の想いについてもったいないと感じるということでした。それを教えてもらって、人について考えられるようになりました」

1995年、阪神・淡路大震災の被災児童として「だいだらぼっち」に1年間参加したナーナ（当時小学4年生）が語った。人の想いについて「もったいない」と考えるナーナ。「もったいない」の本質、それは「感謝」の心から生まれるものなのかもしれない。

炎のメッセージ④　参画と自己決定

現代の子どもは、自分から関わっていく、すなわち自分から仲間に働きかけ、ものごとを動かしていく楽しさ・おもしろさを、経験していないのかなと感じる。

どちらかといえば、自分はなるべく関わらず、だれかに用意してもらったものに、都合のいいときに関わっていく経験をたくさんしているのかなあ。そりゃその方が楽だし、そういう視点で見れば楽しいのだろう。

でも、「だいだらぼっち」は、自分が関わらないフリをしていれば45分や50分でチャイムがなり誰かが答えを出してくれるところではない。たとえどんなに時間がかかろうが、寄り道回り道、ときには後戻りしてでも、自分たちの責任で答えを出そうとするところだ。

子どもが自分たちの責任で暮らすことに楽しさを見いだしにくいということは、その楽しさをキチンと伝えていない私たち大人の責任でもあるのだろう。反省である。

子どもたちの参画と自己決定――
「だいだらぼっち」の根底を支える考え方だ。子どもが生活の主体者になること。それには暮らしに参画している確かな実感が必要だ。そしてそのためには、暮らしの細部にわたり、子どもが自分で決める場面が必要だ。

五右衛門風呂から学ぶこと

「だいだらぼっち」の風呂は、今では懐かしい五右衛門風呂である。当然、燃料は薪だ。風呂場では水は出るが、お湯は出ない。だから薪で風呂を焚かなくてはならない。これは「だいだらぼっち」が始まって以来つづく、歴代の子どもたちが積み重ねてきた毎日だ。

ところが、この薪で五右衛門風呂を焚くというのは、そんなに簡単なことではない。浴槽には最大でも子ども4人程度しか入れない。とはいえ、その水の量をお湯にするのにいったいどのくらいの燃料の薪と、時間がかかるかおわかりだろうか。ボタンを押してもお湯は出ない。ほっとけば風呂が焚けるわけでもない。何もかもが「わが家の風呂」とは違う。

4月、1年間の暮らしが始まったころは、風呂を焚くのに3時間はかかっていた。まずどうやって火をつけるのか。マッチすらろくに擦ったことがない。紙と木は燃えることはわかっている。でも、どうやったら燃えるのかがわからない。

新聞紙をたたんだまま置き、その上に丸太を並べて、新聞紙にマッチでおそるおそる火をつける。

「ついた！」

喜んだのも束の間。新聞紙の表面だけが燃えて鎮火してしまった。

「おかしいなあ。紙に火がついたのに。木には燃え移らない」

3時間もかかるわけだ。平日は村の学校から帰ってきてから風呂を焚くのだから、もたもたしていては他のことができない。だからいつもいつも、夜が遅くなってしまう。

ところが9月頃になると、風呂の焚き口で何もできなかった子どもたちが、1時間もあれば風呂が焚けるようになっている。それどころか自分が入った後、次に風呂に入る人のために薪をくべることにも気づくようになった。

「湯かげんはどう？」

「湯かげんはどう？」。風呂焚きの腕前は日本一？

ススで手を真っ黒にしながら、一人の子が尋ねる。

「まだぬるいなあ。もう少し薪を入れてよ」

五右衛門風呂からは、のんきな声が返ってきた。薪で温度まで調節できる力がすでについている。使った分の水を入れて焚きなおすことを「追い焚き」というが、子どもたちがきちんと追い焚きができるかといえば、そうでもない。自分が風呂に入るときにはたくさんのお湯があってほしいと思う子も、自分が風呂を出れば、次の人のことは忘れてしまうものだ。

「いったいなに考えてるのよ！」

あるとき、一人の女の子が怒り心頭で風呂場を飛び出してきた。湯船にはもうほとんどお湯が残っていない。きっと、前に入った男の子が、使った分の水を入れずに立ち去ったのだろう。翌日、生活の課題出しの時間に、女の子はその問題をとりあげた。

「どうして次の人のことを考えられないのよ！　みんなで暮らしてるんだから、追い焚きしなくちゃだめでしょ」

喧々諤々議論が続き、かくして、子どもたちのなかで次のようなルールが決まった。風呂を出るときには水を入れる。そのまま母屋に帰らずに、薪を2本入れて追い焚きする。要は次の人のことを考えようということだ。

追い焚きの力がついた。それは何を意味するのか。風呂焚きの技術だけではない。自分が入った後に次に風呂に入る仲間たちを思いやる気持ちも同時に身についたということだ。

薪の暮らしと「段取り」

新聞紙と焚きつけをどう配置すればよいか。焚きつけ後の薪はどのくらいの太さがよいか。空気は送りっぱなしでよいのか。「熾き」をつくることがコツであることなど、子どもは風呂焚きを通して、どういう順序で準備をするのが一番よいかを自然と考えるようになっていく。

そうすると、ナタやオノの刃を前もって研いでおいたほうが効率的なことや、軍手や皮手袋、火バサミや灰を出す道具をしっかりとそろえる必要性に気づく。薪の暮らしは、こうした「段取り」を学ぶのに格好な教材なのかもしれない。

たとえば秋の里山の間伐、葉枯らし。冬の修羅場（斜面を利用して間伐材を滑らせる滑り台のようなもの）をつくって山から薪出しをする作業。春・夏はひたすら薪割りと薪積み。次の秋・冬でやっと薪風呂焚き、薪ストーブ焚き、登り窯焚きなど、山の恵みを活用した「暮らし」をつくる。

薪というものは、割ってすぐ燃えるかといえばそうではない。少なくとも数カ月乾かさないと効率よく燃えない。冬に使うストーブの薪を春から夏にかけて割って貯めるように、半年後の風呂の薪も割って貯めておかなければならない。

それどころか、昨年度の子どもたちが切り、割った薪を、今年度の子どもたちが使う。来年度の子どもたちが冬をあたたかく過ごせるように、今年度の子どもたちが山に入り、薪を引きずり

「うおりゃっ！」、山の作業は危険だらけ。
知恵と力を出し合う真骨頂の場面だ

出す。こうして、3年がかりの「気持ち」と「薪」の受け渡し作業が行なわれる。「薪の暮らし」を通して、ものごとを長期的なスパンで考え、「段取り」しながら、次の行動に移すというセンスを、子どもたちは磨くことになる。

困ったときはみんなで解決

「お風呂のことなんだけれど」

夕食後の「連絡」で口火をきったのは、小学5年のコマキだ。

「だいだらぼっち」では、夕食後「連絡」と呼ばれる生活の課題出しの時間がある。今、困っている事、悲しんでいる事、仲間に伝えたいうれしい事、変えたほうがよい事などを出し合い、問題を仲間の知恵と工夫で解決していく、そんな時間である。

「女の子がお風呂に入ろうとしたら、いきなり男の子が駆け込んできて服を脱いでしまう。そして『脱いだ者勝ちだ!』って言う。どうしてなの?」

「だれだよそれ~」という声が飛び交い、これがきっかけとなって風呂の使い方についての「話し合い」が始まる。なお( )のなかはキャンプネーム、あだ名のようなものである。

「女の子の後だと、追い焚きもしていないし、お湯も少ないから、早く入ってしまおうと思うんじゃない?」(中2のマッチ)

「男はまとまって入ってなるべく全員が早く入れるようにしているのに、女の子は何回言って

もまとまって入ってくれない。だから、先に入りたくなる」（小6のヨッシー）
「男の子もいっしょでしょ〜！」（女の子全員）
「ちょうどいい、お風呂のことで困っていることを出し合ったら？」（スタッフのダイチ）
「女の子の後は、あかすりが洗われていない」（中1のガン、中2のカレ、小4のモザイク）
「男の方が汚い」（女の子全員）
「ゆっくり入りたいのに、女の子に『早くあがれ』と文句を言われイヤだ」（中1のカケル）
「湯ぶねがアカだらけなんだ」（中2のカレ）
「男の方がスゴイわよ！」（女の子全員）
「風呂から出たら履いてきたサンダルが全部ない。イタズラはやめようよ」（小5のマサ）
「みんなそうなんだけれど、洗面器がちらかっているといい気持ちがしない」（中1のソラ）
「パンツとか、服の置き忘れがある」（小5のコマキ）
「湯船がくさいよ。男の子はちゃんと洗ってから入ってる？」（女の子数人）
「湯船はまさかないだろうけれど、お風呂の洗い場でオシッコしているヤツがいる。とくに男の子。それはマズイだろう」（スタッフのダイチ）
「とにかく女の子は、まとまって入ってよ！」（男の子全員）
うっぷんがたまっていたらしく、いつもの話し合いより活発な意見。というより苦情の言い合いだ。

そして、どうやら二つの問題がハッキリしてきた。
一つ目は、「風呂の入り方＝マナー」。二つ目は、「男の子と女の子の入る時間」。
一つ目の問題は、子どもたちの話し合いの結果、どうやら次のルールが決まった。
「あかすり＝キチンと洗って、かけるところにかける」「洗面器＝きれいにして片付ける」「あか＝体を洗ってから入ろう。汲み桶と洗い桶をキチンとわけて使おう」「水が少ない＝追い焚きをキチンとしよう」
二つ目の問題については紛糾する。
「相手を思いやる言葉づかいを考えれば、気持ちよく入れるんじゃない」（スタッフのミケ）
スタッフも話し合いに参加して果敢に意見をいう。
「僕たちはお互いゆずり合い、思いやってできる、ということであえて入る時間を決めていない。思いやれないのなら、7時から8時までは女の子、8時から9時までは男の子とか、入る時間を決めたら？」（スタッフのダイチ）
「時間を決めるのはちょっとイヤだな。入り方＝マナーをみんなで守れるのなら、わざわざ早く入らなくてもいいから、時間を決めなくてもいい」（中2のガン）
「たとえば小4のモザイクは、早く入れなかったら、時間が遅くなって寝てしまう。それが続くとやっぱりよくない。小さい子とかを思いやることができていないんだから、時間を決めた方がいい。でもそれが『だいだらぼっち』らしいの？」（スタッフのギック）

「ゆずり合ってやっていければいいなあ。どうかなみんな」（中2のカレ）

「たとえば男の子が先の場合、最後に入った男の子が女の子に伝える。そしたら、すぐに女の子は入るようにする。時間をあけると薪がもったいない」（中2のガックン）

ということで、今後は「連絡」のときに、男女どちらが先に風呂に入るのかを決めようということになった。

大人が答えを出してしまえば10分で終わることを、あえて子どもたちが知恵を絞って1週間、1カ月、ときには1年かかって話し合い決めていく。多数決はとらない。どうすれば自分だけがよければそれでいいという暮らしでなくなるのか。どうすれば力を合わせられるのか。みんなが納得するまでとことん話し合うのだ。

泰阜村には未だに「隣組」や「仲間」といった制度が残されている。小さな村の住民が、少ないながらもそれぞれの財（時間、労働、食料、情報、お金など）を持ち寄って、力を合わせて豊かな地域コミュニティをつくり上げている。

村の人びとは、今でも地域の課題解決を行政任せにしすぎず、自分たちで解決する。私は2010年度の田本第一班の班長だった。一班の班員19戸は、月に1回の「常会（寄り合い）」で地区内の課題を出し合い、皆の知恵で解決する。そのときに大事なことは、一人一人を地域自治の主権者として尊重するということだ。

困ったときはお互いさま、何かあったら寄り合ってみんなで決める。村の人びとが積み重ねてきたこの「支え合い」と「自己決定」の歴史が、今の泰阜村をつくってきた。「だいだらぼっち」の暮らしでも、そうした村のしきたりを大事にしている。

炎のメッセージ⑤ 多数決なんてもう古い

「違いを豊かさへ」。多様性の共存は、グリーンウッドの基本理念だ。「みんな違って、みんないい」とよく言われるが、「違いを認め合う」ことを具体的に学ぶ実践は、なかなか難しい。

「だいだらぼっち」では、物事を多数決で決めない。一人でも反対者がいれば、その意見に耳を傾ける。仲間と暮らすうえで困ったことは、何時間でも何日でも、ときには1年かけてでも、自分たちが納得のいくまで話し合って決める。

かつて10対1の意見対立があった。いくら多数決がないとはいえ、1の意見に10の意見がひっくりかえることはまずないだろうと思っていた。それが見事にひっくり返ったことがある。多数決ならあっという間に除外された1の意見。しかし、1の意見を大事にしようとした子どもが10人いたのだ。

多数決はもう古い。こうした自分（と自分の意見）が大切にされている経験を重ねること、そして相手（と相手の意見）を大事にするという経験を、丁寧に積み重ねること、それが「みんな違ってみんないい」の具体的な場面なのだ。

3　生みだす暮らし

世界で一つの手づくりお茶碗

「ギック、お茶碗割れちゃった」

食事の片づけで思わず手を滑らせた子どもが、少しうつむき加減でギック（スタッフの大越）に相談した。

「大丈夫、大丈夫、直せるから。直して使おう。今から時間ある？　よし、工房においで」

子どもの顔がパッと明るくなった。

「だいだらぼっち」には工房がある。そこでは週2回、夕方に「だいだらぼっち」の子どもを対象にした「ものづくり教室」が行なわれる。教室では、陶芸、木工、染物、織物など、いろんなことを学ぶことができるのだ。

教室の先生は、大越慶と丸山葉子で二人は夫婦。グリーンウッドの職員という立場をとらずに、「草來舎《そうらいしゃ》」という工房を運営して、陶芸を生業にしている。

「だいだらぼっち」の子どもたちは、4月から1学期間をかけて、毎日の暮らしで使う茶碗や皿、どんぶりなどの食器をつくる。

店で格安で買ってきた茶碗はぞんざいに扱う子どもたちも、自分でつくった茶碗は割らない。割れないように大切に扱っている。「お茶碗を割っちゃった、どうしよう」と大越に相談に来た子どもは、きっと仲間のつくったお茶碗を割ってしまったに違いない。仲間がどれだけ苦労してつくっていたか、どれだけ想いをかけてつくっていたかが身に染みてわかっている。だから大越に相談に来たのだ。

一つの茶碗をつくる際も、持ちやすい大きさ、高台の高さ、全体の形や重さなど、考えることは無数にある。自分や大切な人が使うと考えるからこそ、それらを突き詰めてつくる。その結果、「ものを見る目」を養ったり、「ものをつくる人の気持ち」に想いをはせるようになるのだ。

「今月はリンゴの木の薪でストーブを焚こう」

「だいだらぼっち」の母屋にある薪ストーブでは、焚く薪の種類を決めるときがある。陶芸の茶碗がピカピカしているのをご存知だろうか。そのピカピカしている上薬（釉薬）は、灰からつくられる。「だいだらぼっち」の暮らしでは、薪ストーブを焚いて残った灰から、オリジナルの上薬をつくって茶碗に施すのだ。たとえば、リンゴの灰は淡いピンク色を醸し出す。

一方、薪ストーブにくべられる薪は、リンゴだけではない。ナラなどの雑木やマツなどの針葉樹もある。それらは子どもとスタッフが、里山の間伐作業で手に入れ、毎日毎日ひたすら割ったものだ。その薪は、もちろんストーブや風呂に利用するだけでなく、お茶碗を焼く登り窯（薪で焚きあげる窯）の燃料にもなる。

間伐された里山は、太陽の光がふりそそぎ、元気な里山へと再生する。松くい虫や雪害などの支障木も私たちは燃料としていただき、ものづくりに生かしていく。最近では、里山の地主さんも積極的に間伐の情報や支障木の情報を提供してくれるようになった。

ものづくり講師の大越慶が、子どもの暮らしをものづくりの視点から支える

ここまでくると、もはや「ものづくり」を通り越して「暮らしづくり」そのものになる。そう、まさしく私たちは、「ものづくり」を通して暮らしを豊かにつくることを大事にしようとしている。暮らしというものは、一人ではつくれない。地域の人びとや自然との関わりなど、さまざまなことに折り合いをつけながらつくるものだ。

子どもたちが生みだしたものは一つの茶碗だ。しかし、単に手づくりの茶碗だということではない。その茶碗には、どれだけの人びとの想いや歴史の積み重ね、循環型の里山の文化が凝縮されているのだろうか。

世界にたった一つの茶碗。その小さな茶碗に凝縮された想いの数々。

「ものづくりを通して生きることの原点を見つめていきたい」と、大越は力強く語る。

炎のメッセージ⑥ 相談員ってなにもの？

「だいだらぼっち」では、子どもと過ごすスタッフのことを「相談員」と呼んでいる。先生でもなければ、指導員でもない。子どもの自己決定を促し、サポートするのが役割だ。話し合いの場面、相談員は口を挟むことを極力控えるが、その替わりとことん子どもにつき合うし、向き合う。ときには本気で子どもとケンカもする。

なぜなら「大人ならできる、子どもにはできない」ではなく「子どもと大人は同じ人間、できることもできないこともそれぞれにある」と考えるからだ。そこには「子どもを一人の人間として向き合う」姿勢があり、「子どもにもできる」という信頼がある。暮らしをともにつくるパートナーとしての子どもと大人。その関係性を端的に表すのが「相談員」という言葉と立場だ。

めんどうくさいことが楽しいんだ

「薪作業！」

子どもたちが企画運営する「だいだらぼっち」の説明会は毎年1月、東京と名古屋で開催される。参加者に「1年間で楽しいことは」と質問されて「薪作業！」と答えた子どもが、「1年間でつらいことは」という質問に次のように答えた。

「薪作業！」

子どもたちの正直さには微笑むばかりだ。しかし、少なくとも彼らは、薪割りや里山から薪を運び出す過酷な作業を「楽（らく）」なことと思っていないことがわかる。にもかかわらず「楽（たの）しい」という。

「めんどうくさいことが楽しいんだ」

当時、中学3年のサキチがつぶやいた。

そもそも、自然体験や生活体験とは「不便なもの」だ。言葉をかえれば「思い通りにならない」ということになる。自然も人間関係も暮らしも、決して自分の思い通りにはならない。そこに向き合うことは、このうえなく不便だ。しかし、その「不便さ」こそが学びの土台になる。

ところが最近の山村留学は、個室があり、食事も洗濯も掃除まで賄いのおばさんがやってくれる事例も多い。家よりも便利な施設で、子どもたちはいったい何を学んでいくのだろうと不思議に思う。不便さを楽しめなくて何が自然体験・生活体験なのだろうか。

「だいだらぼっち」の1年の暮らしを通して「めんどうくさいことが楽しい」と子どもたちが言うようになっていくのは驚きだ。子どもたちは「楽しさ」の本質を見事に捉えている。

「だいだらぼっち」の子どもたちは、楽（らく）なことを楽しいとは捉えない。自然に関わり、仲間に関わり、生活に関わり、暮らしをつくり出す。そういう手間隙かかることや産みの苦しみを伴うことが「楽しい」のだ。そう、自分たちの手に、生活の実感が握られていることが「楽しい」のだ。

「今年は薪割り機を使わず、全部手で割り切った」「機械を使わないで米づくりをした」

2010年参加者のリョウ（当時中1）が、胸を張っていう。

「一番の思い出は、吹雪のなかの薪作業だね。大変だったけど楽しかった」

当時中3のユカリもそう言いきる。それはきっと、つらかった薪作業も米づくりも、すべて子どもたちの暮らしに直結するからに他ならない。風呂やストーブであたたかさを感じたとき、晩秋に新米をほおばったときに、本当の楽しさになることを、子どもたちは知った。

「楽しい」ことは重要だ。しかし、楽しさの「質」を問うことなしに「だいだらぼっち」の実践は語れない。不便だからこそ生み出す喜びを感じ、「めんどうくさい」ことを「楽しい」と思える子どもたちを、これからも輩出していきたい。

炎のメッセージ⑦　サンマではなくヨンマ

今の子どもには「サンマ」が足りない。

一つ目は「時間」。塾や習いごとが忙しいのか、遊ぶ時間さえない。とかく最近の子どもは忙しい。ビジネスマン顔負けのハードスケジュールだ。

二つ目は「空間」。遊ぶ場所がなくなってきた。街の公園では、危ないという理由でキャッチボールが禁止されている所もある。いまやゲームにもインターネットが入り込み、子どもの遊ぶ場はバーチャルな場に移ってしまった。

三つ目は「仲間」。バーチャルな仲間はたくさんいても、本当の仲間は少ない。

私はこの「サンマ（間）」にもう一つ加えて「ヨンマ」にしたいと思っている。それは「手間」だ。便利な世の中は、決定的に子どもから「手間」を奪った。子どもだけではなく大人からもだ。「手間」を重視しない効率的な世の中は、行き過ぎると人間性を失う。

子どもには「ヨンマ」を残そう。「だいだらぼっち」は、この「ヨンマ」が当たり前のように存在するところだ。

第3章

信州子ども山賊キャンプ
——村の風土から生まれた日本最強のキャンプ

人口に匹敵する子どもが来る。
その集客力のヒミツが、今ここに！

1　山村教育のターニングポイント

わしゃ、生まれ変わったら教師になりたい

今から12年前の夏、村最奥の地、栃城《とちじろ》集落でアマゴの養殖業を営む木下藤恒さん（72歳）がポツリと言った。

「辻君、わしゃ、生まれ変わったら教師になりたい」

当時、文科省と農水省連携事業の「子ども長期自然体験村」事業を村人による実行委員会で受け入れた。都会から22人の子どもたちを2週間にわたり受け入れるキャンプだ。村人が実行委員会を組織して、初めて取り組む子どもの体験活動である。われわれグリーンウッドは、この実行委員会の事務局的な役割を担った。

「わしゃあ、子どものことは何にもわからん」

繰り返しそう口にしていた木下さんだが、実行委員長に推される。当然、紆余曲折いろいろなドラマがあったが、2週間のキャンプを終えて子どもたちを見送った後につぶやいた言葉だ。

「最も衝撃的だったのはな、都市の子どもたちがな、あったり前のようにそこにある村の自然

に、嬉々としている姿だったな」

泰阜村の透き通った水、満天の星空、身体を包み込むような山の緑、そして木下さんの生き抜く知恵と技。

「星がこんなに見える！」「水がきれい！」「空気がおいしい！」「おじさんすごい！」

別れの日。子どもたちに「帰ってもがんばるんだぞ」と木下さん

子どもたちが感嘆の声をあげたのは、木下さんが「ここには何もない」と毎日嘆いてきた泰阜村のごく当たり前のものばかりだった。

「わしな、大事なものをな〜んも子どもたちに伝えてこんかった。反省せにゃならん。わしゃ、そこにある山をどかしてほしいと、いっつも思っていた。不便だし、邪魔なもんだってな。田舎もんは、それほどマイナスなとらえ方をするもんよ。でもな、都市の子どもと触れ合うことで、山の持つ価値がわかった。プラスにとらえられるようになった。だもんで、わしゃ、生まれ変わったら教師になって、本当に大事なことを伝えたい」

そのとき木下さんは60歳。

（まだまだ若いですよ。生まれ変わる前に、今から子どもたちに教えたらいかがですか）

私は、心底そう思った。それが伝わったのだろうか。

「それもそうだな。よ〜し」

それからというもの木下さんは変わった。村人有志とグリーンツーリズムのNPOを立ち上げ、民宿の運営を始めたのだ。さらには村議会議員にも立候補して、今では村議会議長を務める。村の少子化対策や子どもの健全育成の施策を推進し、村内の子ども健全育成イベントには、必ずといっていいほど実行委員長となり先頭を切っている。

この若造が！

木下さんが変化を遂げた2週間のキャンプ。その舞台裏では何が起こっていたのだろうか。最初の実行委員会。村中から20人ほどが集まった。そのなかに、木下藤恒さんはいた。私は名前を知ったのも顔を見たのも初めてだった。木下さんは、実行委員長に推されるが、なかなか首を縦に振らない。

木下さんは栃城養殖漁業組合の理事長で、「不可能」と言われた限界集落での水産業に成功した人だ。どことなく私たちに似ている。しかし、私たちよりはるか前に「自立への挑戦」に取り組んだ人だ。

私は、自然体験教育の専門団体として参画していた。協議の冒頭、私は手を挙げて発言した。2週間も子どもたちの命を預かるとは安全管理上どういう意味を持つのか、本来は安易に取り組んではいけない事業なのではないか、と。

その瞬間、「この若造が！」という鋭く冷ややかな視線を浴びた。木下さんからは「なんでこんなやつといっしょに仕事せにゃならんのだ」というあきらめにも似た意味のため息が聞こえてきた。

しかし、ひるんではいられない。安易に子どもを預かり、もし命を落とすようなミスがあったとしたら一巻の終わりだ。針の上のムシロとはまさにこのことかと、しぶとく説明を重ねた。

結局、キャンプの受け入れは、準備から終了までに実に半年以上かかった。私は惜しげもなくこれまで培ってきた実践のノウハウを提供した。提供すればするほど、自分に責任がのしかかってくる。しかし充実していた。村の人とああでもないこうでもないと議論しながら、泰阜村らしいプログラムをつくることが楽しかった。教育委員会と本格的に協働し、担当の池田真理子さん（55歳）とは半年にわたって激論を交わし続けた。

村人たちの意見に耳を傾ければ、せっかく泰阜に都会の子どもが来るんだからと、あれもやらせたい、これもやらせたい、と多くの意見を出してきた。それを無原則にプログラムに反映すれば、結果的には総花的なプログラムになってしまう。そこを泰阜村ならではの教育的なプログラムにするのが私たちグリーンウッドの出番だ。

他にも、都市部への広報、ホームページでの情報発信、保護者との契約、事前説明会、ボランティアリーダーの養成、効果的なプレスリリースなど、グリーンウッドのこれまでのノウハウが活用され、そのどれもが村の人たちから高く評価された。

村人は、ブルーベリー収穫体験、牧場の勤労体験、郷土料理体験、ホームステイ、炭焼き体験などの最前線の講師・指導者として活躍する。教育委員会は、地域の人びとのコーディネートと、文部科学省との事務的な折衝、会計管理などを受け持つ。

私たちに収益といえるお金は入らなかった。しかし「この若造」が村人たちと協働した半年は、次のステージを生み出す土台となったのだ。

グリーンウッドに転機が訪れた！

私たちにとって、この協働事業が大きな転機だったことは間違いない。

グリーンウッドが運営する自然体験教育キャンプを「信州子ども山賊キャンプ」という。

１９９９年に村と協働事業を実施して以来、それまで最大でも５００人の参加者だった山賊キャンプが、２０００年には８００人を超えるようになる。その後２００４年からは参加者１０００人を突破して、現在に至っている。

山賊キャンプを支えるために全国から集まる青年ボランティアリーダーもまた同様だ。１９９９年は１００名前後だったが、２０００年には１９０名、２００３年からは３００人を突破するようになった。泰阜村の人口に匹敵する規模に参加者が成長するきっかけは、明らかに１９９９年だということがわかる（図１）。

キャンプや山村留学などの自然体験教育事業を、経営的

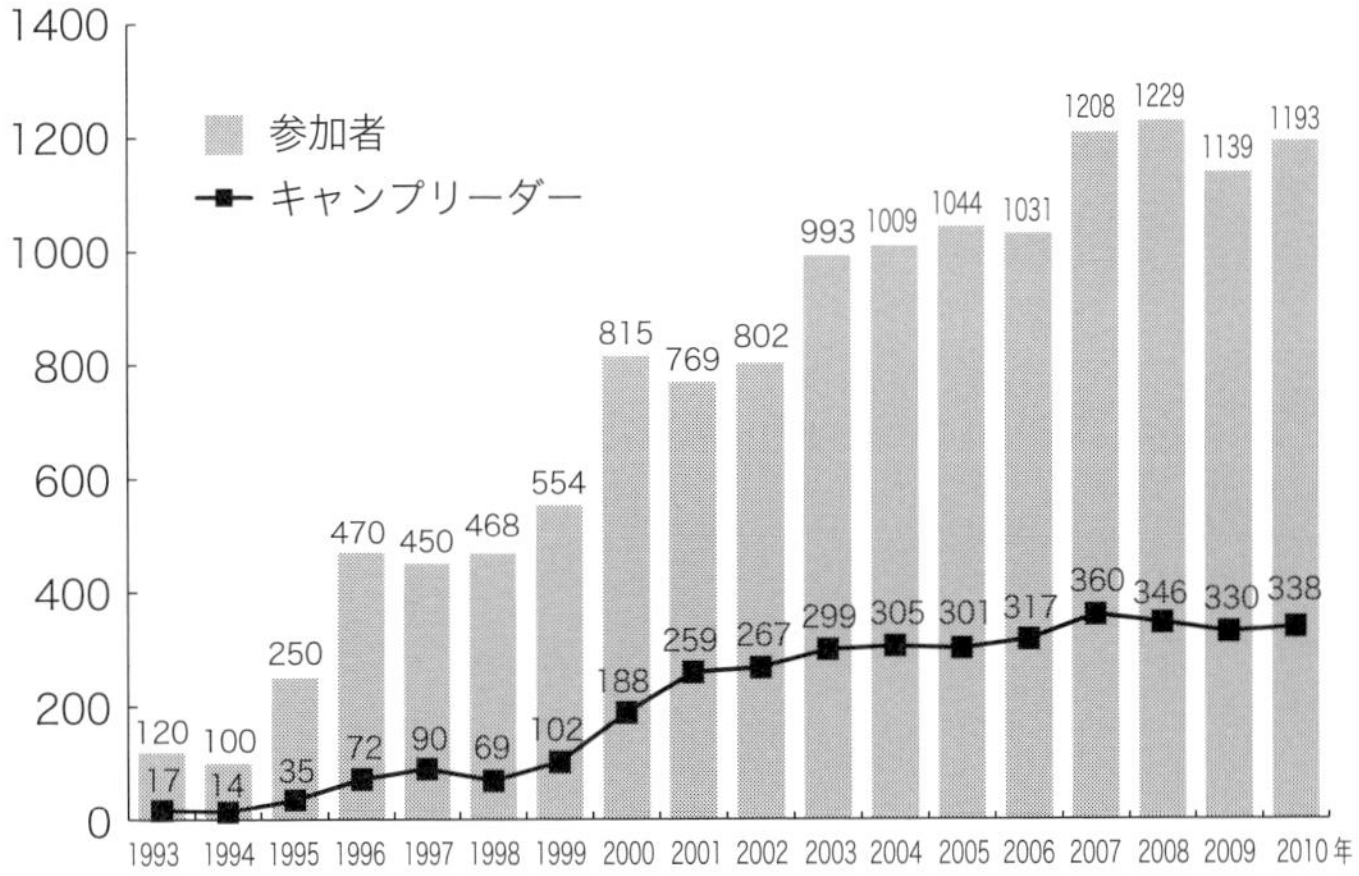

図１　1999年が転換点となる「山賊キャンプ」参加者の推移

に成り立たせることは困難だ。私たちは当初から行政の補助金に頼りすぎることなく、経営的に成り立たせるよう自立への挑戦を続けてきた。

その「自立への挑戦」は、短期的には経営を好転させる要素を生むことはなかった。しかし、村や集落内にグリーンウッドの理念を理解する良好な人間関係がつくられていった。

そのことの方が大きかった。

その土台に支えられて、「だいだらぼっち」や「山賊キャンプ」が、質・量ともに充実していく。

2 「山賊キャンプ」人気のヒミツ

高齢化ならぬ低齢化？

信州子ども山賊キャンプには、きびしい自然環境と共存してきた泰阜村の住人を山賊に見立てて、その山賊のように暮らしながら遊ぼう、自由に生きよう、という願いが込められている。

山賊キャンプは年2回、小中学校の夏季と冬季の長期休暇の期間に開催される。夏の山賊キャンプには、子どもが1100人、サポートの青年ボランティアリーダーが340人ほど集う。これは国内最大級だ。創成期の1993年は子どもの参加者が100人程度だから、実に約10倍増である。

毎夏、毎夏、およそ3～4日に一度、泰阜村には中型バスが列をなしてやってくる。それはいまや夏の風物詩になっている。バスに乗っているのは、夏の山賊キャンプに参加する都会の子どもと青年たちだ。当初村の人びとはその光景を見て、「いったい何事だ」と思っていたに違いない。

夏の1カ月だけ、この村は平均年齢がグッと下がる。泰阜村の人口は、2011年8月1日現在、1900人を切っている。高齢化に悩む村に、1100人の小中学生と、340人の大学生を中心とした青年が、どやどやと集うのだ。何しろ人口に匹敵するほどの子どもと若者が集うのだから、平均年齢が下がるのもうなずける。

いまや高齢化はニュースにならないが、泰阜村では低齢化が毎年のニュースになる。

行列ができるキャンプ

この村はいまだに国道も通らず、信号もない。当然コンビニもない。大型バスも入れないという現代では珍しい村だ。だから、山賊キャンプの子どもたちは中型バスでやってくる。東京からわが泰阜村までは、高速道路を使ってもバスでたっぷり5時間はかかる。

こんなへき地に、なぜこうも多くの子どもが集まるのか、と誰もが一様に驚く。

5月の申し込み開始日は壮観だ。申し込み開始時間の10時に、500通を超える電子メールが届く。迷惑メールではない。すべてキャンプの申し込みメールだ。ファクス受信用紙も次から次へと出てくる。

その申し込みはどこから来るのだろうか。統計的には、ざっと関東が55%、中京が30%、長野県内が10%、その他が5%前後だ。圧倒的に小学生が多く、コースの難易度（山賊度）によって、低学年と高学年の割合は変動する。

修学旅行のように、特定の学校から多くの子どもを集めるわけではない。完全に一般公募、個人参加のスタイルだ。それを18年間ずっと貫いているのには理由がある。

グリーンウッドの基本理念に「違いを豊かさへ＝多様性の共存」が挙げられる。山賊キャンプでもその理念を反映し、まずはいろんな子どもが参加できるキャンプにした。東京の子もいれば大阪の子もいる。中学生もいれば小学生もいて、兄弟の年長者もいれば、末っ子も、一人っ子もいる。声が大きくて元気な子もいれば、引っ込み思案の子もいる。不登校の子もいれば、外国の日本人学校に通う子もいる。そういう、いろんな子がいて、それが認め合えるキャンプにしたい。「みんな違ってみんないい」、そういうキャンプにしたいのだ。だから、一般公募を貫く。

もう一つは、「自己決定」だ。山賊キャンプも、「だいだらぼっち」と同じで、自分で参加を決めることが参加の条件となっている。100%自分で決めることはないだろう。それでもせめて51%は、自分で決めてほしい。そこから山賊キャンプは始まっているのだ。

山賊キャンプに行きたい！　山賊キャンプに行かせたい！　そう願う子どもと保護者を集めてきた。

リピーターが多いのも山賊キャンプの大きな特徴だろう。おおよそ30～40％がリピーターだ。このリピーターが、毎年毎年、お友達を一人、二人連れてくる。それだけでほぼ満員御礼に近く

子どもが乗る中型バスが連なる風景は、いまや泰阜村の夏の風物詩

なる。山賊キャンプの一番の広報手段は、参加者の「口コミ」なのだ。

コースが多様なことも魅力の一つになっている。入門編のベーシックコース。それでは飽きてきたリピーターのためのチャレンジコース。これは不便さを楽しむコースだ。

もっと長いコースがいい、高いレベルがいい、という子どものためのスーパーコース。これは1週間以上の生活を基盤とした長期キャンプだ。

スーパーコースのような高いレベルのキャンプを短期間で味わいたいという子どものためのミステリーコース。これは事前に内容を説明も報告もしないおきて破りのコースだ。

子どもたちが自分のレベルに合わせて選択できることが魅力になっている。

「十九世紀の村」と揶揄される村に、いまや子どもの行列ができている。この状況に、一番驚いているのは村人たちだ。当初は、きっと私たち若いスタッフが、何か得体の知らないプログラムを行なっているのではないか、何かあやしい人集めの手法を使っているのではないかといぶかしげに見つめていた。しかし、木下藤恒さんをはじめ、いぶかしげに私たちを見つめていた村の人たちの参画により、私たちへの見方が変わった。

今、村の人たちは、山賊キャンプの人気の秘訣が何であるのかについても、気づき始めている。以下、そのタネ明かしをしていこう。

八つの「おきて」が子どもをひきつける

山賊キャンプには、八つの「おきて」が存在する。呼んで字の如し、参加する子どもが守るルールのようなものだ。このおきてにこそ、山賊キャンプの人気のヒミツが凝縮されている。

(1) キャンプはつくるものなのだ

「ここは自分でできるからいい」

毎年参加する子どもが言う。自分でできるとは、「自分たちでプログラムをつくれる」ということらしい。人気の秘密は至ってシンプルだ。

山賊キャンプではキャンプ場に着いてすぐにプログラムを決める話し合いがもたれる。これを「山賊会議」という。進行するスタッフが子どもたちに問う。

「3泊4日のキャンプで何がしたい?」

「川遊び!」「工作!」「キャンプファイヤー!」「肝試し!」「虫とり!」

出るわ出るわ、とにかくやりたいことを絶叫する。他人の意見などおかまいなしだ。しかし、絶叫しているだけではこの場が進まないことにやがて気づいていく。

「やりたいことはわかったけど、じゃあどうする?」

スタッフは子どもたちに投げかける。夜は3回しかないのに、夜にやりたいことはキャンプファイヤーに肝試し、ナイトハイクに、星を見る、蛍を見たいとたくさんだ。

「キャンプファイヤーは最後の夜がいいんじゃないか」

「蛍を見るのとナイトハイクはいっしょにしたらどうか？　星を見るのもいっしょにできるかも」

やがてまとまりの兆しがみえる意見も出始める。主張するだけでは進まないことに気づいた子

子どもたちが決めたプログラム。知恵を絞った分だけ楽しくなる

どもたちは、みんなが主張することがうまくいく着地点を探り、まとめようとするものだ。

1回の会議ですべて決まるときもあれば、決まらないときもある。翌日に持ち越しの場合もあれば、数人の子どもリーダーに一任して決めるときもある。決め方はさまざまだが、子どもたちが自分たちでまとめようとしなければ進まないことは共通だ。

さんざん悩んで、ようやく決まった3泊4日のプログラム。それは紛れもなくここに集まった子どもたちとスタッフで創ったオリジナルのプログラムだ。だから、同じベーシックコースでも、参加する日程が違うと全くプログラムの違うキャンプになる。

大人が決めたことは守らない子どもも、自分たちで決めたことは守るものだ。自分たちでまとめることに戸惑い気味だった子どもたちは、キャンプの時間やスケジュールが自分たちの手にあるという確かな実感を抱くことになる。

それが大事なのだ。子どもたちが「ここは自分でできるからいい」と確かに実感できるキャンプ。それが山賊キャンプだ。

(2) 人を思いやる心をもて

山賊キャンプでは、子どもたちは10人程度のグループに分かれる。50人のキャンプであれば五つのグループとなる。男女、年齢、出身地、興味のあることなど、なるべくごちゃまぜになるように分けられている。「相談員」と呼ばれるボランティアリーダーがグループごとに3人ほどはりつく。

このグループはいわば「家族」。「緊急事態が起こったとき、ごはんを食べるとき、他の家にはいかないでしょ？　やっぱり家族で集まるでしょ？」と説明すれば、小学校低学年の子どもたちでもこのグループの意味がわかる。

グループの子どもたちは個性豊かだ。力の強い子もいれば、力の弱い子もいる。料理が得意な子もいれば、料理はできないけれど片づけが得意な子もいる。そんななかで暮らしを進めるためには、相手を認めたり尊重する「思いやりの心」が欠かせない。

初日、火おこしの際に何もできなかった子どもが、最終日には仲間の調理に必要な火を操れるようになる。獲得した火おこしの技術を仲間のために使い、それに対して「ありがとう」と言われたときにこそ「思いやりの心」が育つのだ。グループのなかで、さまざまな役割を分担し、尊重することを丁寧に積み重ねる過程こそが大切だ。

(3) 自分でつくるからおいしいのだ

「自分でごはんをつくれるからいい」

何度も参加する子どもはこう笑う。一方、私は「自分でごはんをつくらないキャンプなんてあるのかなあ」と、むしろ不思議に思う。

「厨房でスタッフがすべてつくってくれて、まるで給食のようなキャンプも多い」

玉ねぎが目にしみる！　でも、最後まであきらめない

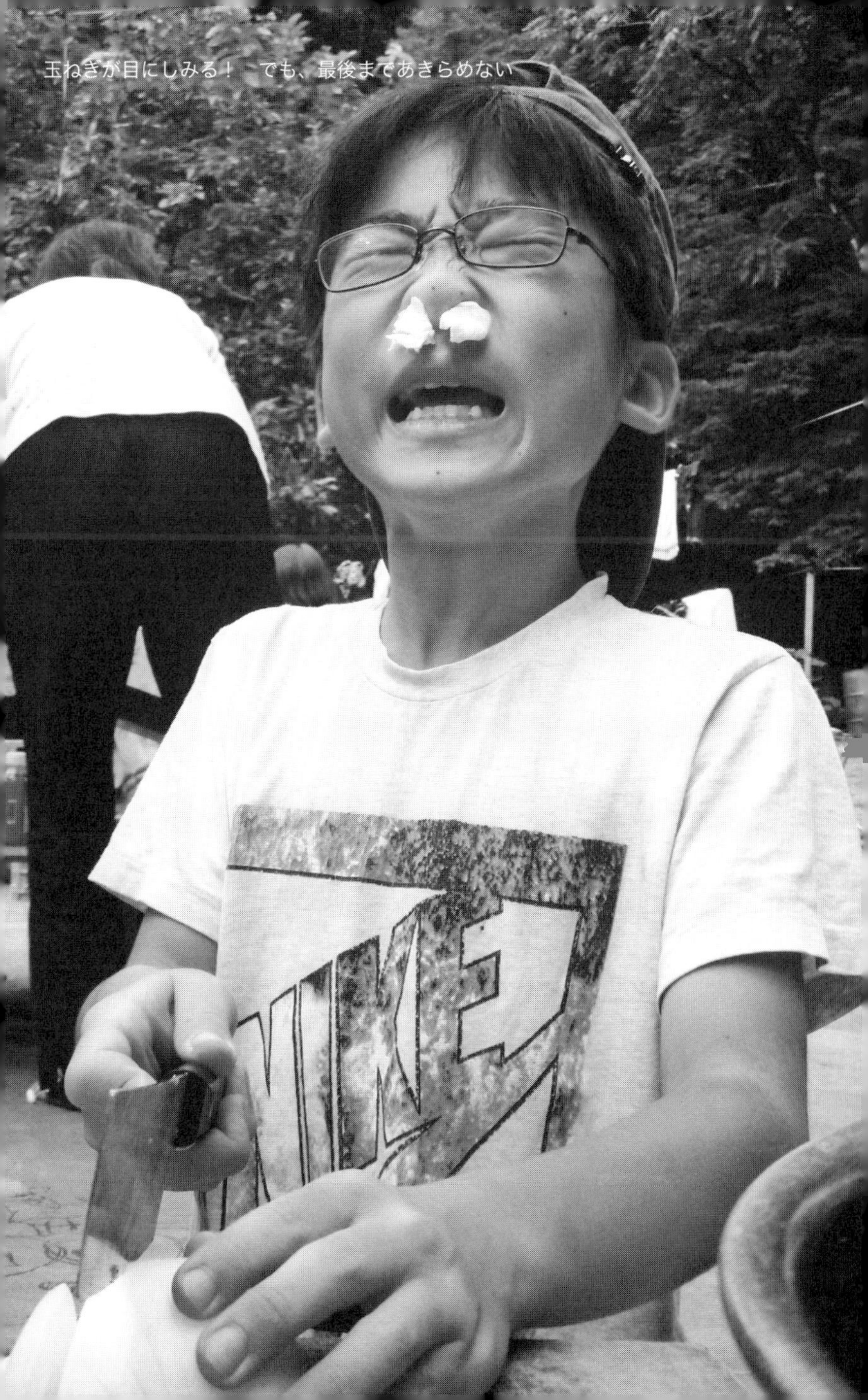

子どもの声には「それではつまらない」という響きが込められている。明らかに「自分たちでごはんをつくったほうがおもしろい」と感じているのだ。

山賊キャンプでは食事はすべて子どもがつくる。各グループに配給される食材と調味料は共通だ。たとえば次のような食材が配られる。ごはん、鶏もも肉、玉ねぎ、かぼちゃ、ほうれんそう、トマト、ピーマン。その食材を使って何をつくるかは、グループごとの創意工夫に任されている。同じ食材なのに、全く違う五つのメニューができあがる。

旅館やホテルが提供するような立派な料理ができるはずもない。必ずどこかが焦げていて、何かの分量を間違えたりしている。でも、子どもたちにとってはおいしいのだ。火おこしで真っ黒になった顔で、仲間といっしょにつくったごはんを、これまた仲間といっしょに食べる。子どもたちにとってはおいしくないわけがない。

自分たちのごはんは自分たちでつくる。こんな当たり前のなかにある学びが、子どもを惹きつける。だから、山賊キャンプは人気がある。

炎のメッセージ⑧　信じることで力を引き出す

火と刃物を扱ってごはんをつくる。それは確かに危険で不便なことだ。しかし、それを「子どもには危険だから」と刃物や火を取り上げれば、子どもは何が危険なのか分からない。それどころか、生活において何も生み出せない子どもになってしまう。

「子どもには無理だから」と不便なものを子どもの目の前から遠ざければ、楽しさは楽（らく）なことだと勘違いする創造性に欠けた子どもが増えることになるだろう。

子どもたちは危険を察知してコントロールし、「不便さを楽しむ力」を持っている。大事なことは、この子どもたちの「力」を、私たち大人が「信じる」ことができるかどうかだ。「信じる」ことこそ、その力を引き出すことになる。

「あなたの仕事は勉強なのよ」

大人からこう言われて、暮らしの場面からいつのまにか勉強部屋に追いやられた子どもたち。子どもが自らの暮らしに参画できなくなり、「おいしいごはん」は外食になってしまった。

その子どもたちが泰阜の山村教育では、暮らしの場面に深く関わる。大人から任されている。大人から信頼されている。これまで子どもたちが感じることのなかった大人からの信頼。その信頼が、子どもたちの質の高い満足を導く。そしてその質の高い満足感が、子どもたちを次の行動へと駆りたてる。

（4）一歩を踏み出す勇気をもて

キャンプが始まった初日の夜。本部棟の保健室では子どものすすり泣きが聞こえる。ホームシックだ。

親から離れて興奮のまま、バスで移動して、仲間との出会い、初めての食事、初めての自分たちで決めていくことのできる山賊キャンプ……。どれもこれも新鮮で親や家のことなど考える時間などなかったが、「さあ寝るぞお、歯を磨けよお」という声がかかると、いきなり周りがいつもの夜と違うことに気づく。

「帰りたい」

真っ暗な山々、風のざわめき、蛙の声、虫の飛ぶ音、そして知らない人だらけ。さっきまであんなに元気だった子どもが、本当に突然、しくしくと泣き出すのだ。楽しさのあまり見えていなかった環境の激変に、不安が一気に子どもを襲う。

こんなときには、魔法の言葉がある。

「山賊はチャレンジが基本。お母さんがいなくても寝ることにチャレンジしてみようよ」

もちろん逆効果なときもあるが、子どもの小さなプライドがくすぐられるのだろうか、たいがいは「うん、がんばる」と消え入りそうな声を出しながらも自分のグループに戻っていく。そういう子どもほど、次の日からはウソのように元気に遊んで過ごすものだ。

自分たちで決めるプログラム、自分たちで決めるメニュー、自分たちでつくるごはん、すべてが初めてのことだ。山賊キャンプは、一歩を踏み出さざるを得ない構造になっている。

チャレンジの連続。それは、成長もまた連続することを意味する。都市ではチャレンジをしなくても、ほしいものはどんどん手に入る。ここではチャレンジしなければ次のステージに進めない。

子どもたちそれぞれのチャレンジが繰り広げられる場、それが山賊キャンプだ。

炎のメッセージ⑨　チャレンジを見抜け

チャレンジとは、今まで自分が安住していたゾーンから一歩踏み出そうとすることだ。人間は個々にもっとも快適な立ち位置をもっている。そこにいると危険でもなく、辛くもなく、おおよそ楽しくて、ストレスもない。まさに安住しているゾーンだ。

しかし、その安住しているゾーンに居続けては、成長はない。そこから一歩を踏み出すその瞬間にこそ、人間は成長するのだ。

そしてチャレンジは、人それぞれに異なる。北極を横断することがチャレンジだという人もいれば、隣の人に声をかけることがチャレンジだという人もいる。チャレンジのレベルは数字では測れない。それぞれのチャレンジを互いに認め合うことが重要だ。裏を返すと、そうした子どものチャレンジを見抜かなくてはならない。

チャレンジできる環境をつくること、チャレンジを見抜く大人がいること。この二つは、子どもの成長を促すための重要な要素だ。

7メートルの高さから川にダイブ！　仲間の声援でチャレンジできた

(5) 働かざるものクウベカラズ

ハタラカザルモノクウベカラズ。

子どもたちは他のおきてに比べて、このおきては元気よく言える。案外よく聞く言葉なのかもしれない。意味するところは読んで字の如しだが、山賊キャンプでは解釈をもう少し進めている。「働かないと食べてはだめ」ではなく、「働いたほうがおいしく食べることができる」、という解釈だ。働き方は多様にある。みんなが一様に同じ仕事をしなくてもよい。料理が不得意な子は、片づけをがんばればよいのだ。力仕事がなかなかできない子は食事づくりをするなど、力仕事をする子どもを支えればよい。料理も片付けもできない子は生ゴミを堆肥場に捨てにいけばよい。

暮らすための仕事は、その気になればいくらでも見つかる。みんなが少しずつ働けば、きっとごはんもおいしいはずだ。

ハタラカザルモノクウベカラズ。それは、ごはんをおいしく食べるためのおきてなのだ。

炎のメッセージ⑩ 子どもらしい顔を取り戻せ

「泰阜の子どもたちは、大人びた顔をしていますねえ」と、取材の記者に言われた。「違いますよ。これが本来の子どもらしい顔でしょう」。私は即座に答えた。

勉強が仕事だからと、勉強する子どもの顔。危険だからと刃物や火を扱わせてもらえない子どもの顔。大人が決めたスケジュールをこなす子どもの顔。子どもには無理だからと不便なことに挑戦できない子どもの顔。それらは果たして本当に子どもらしい顔なのだろうか。

薪割り作業を終えた子どもたちの顔には、汗がボタボタと流れ、土の汚れがべったりだ。その顔に記者がカメラを向けると、彼らはニヤッと笑う。その顔は確かに輝いている。そう、自信に満ち溢れているからだ。

泰阜村の山村教育では、子どもたちは大人から仕事を「任されている」。子どもにもできると「信頼されている」。力を貸してほしいと「あてにされている」。こういった実感をもつことができた子どもたちの顔こそが、本当の意味で「子どもらしい顔」なのではないか。

今の子どもたちは、「妙に大人びた顔」をしているが、本来の「子どもらしい顔」を失ってしまったのではないかと危惧する。それを取り戻すために、学校の教室のなかだけではなく、暮らしのなかに、そして地域のなかに、子どもの「出番」をもっとつくりたい。

(6) あいさつは基本中の基本だ

「こんにちは」

私が大きな声をあげて、山賊キャンプに参加した子どもにあいさつした。

「……」

あいさつができない子どもや若者が増えている。

しかし、泰阜村ではあいさつが当たり前だ。狭く曲がりくねった道路。対向車が来ると、ぎりぎりに車を寄せて一時停止。対向車はゆっくりとすれ違い、ドライバーが笑顔で会釈する。進路をゆずった車のドライバーも笑顔で会釈。

村内を歩いている小中学生もドライバーに向かって会釈する。村の人たちも、小中学生が歩いていると「お帰り」と声をかけ、小中学生も「行ってきました（伊那谷の方言＝ただいまの意味）」とあいさつする。ひとつひとつの当たり前のコミュニケーションが、泰阜村の心地よい雰囲気を支えている。

「さよなら！」

私にあいさつされて何も言葉を発しなかった子どもが、山賊キャンプを終えるときには周りがびっくりするくらいの大きな声であいさつした。

きっと泰阜村の心地よい雰囲気がそうさせたのだろう。

それでいいのだ。

（7）隣の人の声に耳を傾けろ

「俺がやる」

見るからに身体が大きくて、声も大きいT君。T君は、常に火おこしをやりたがる。仲間が手伝おうとすると「手伝うな！」とつい言ってしまう。でも、なかなか火がつかず、どんどん時間

これが山賊キャンプの「おきて」だ！
これを心に刻んだ者のみが山賊になれる

山《さん》賊《ぞく》キャンプのおきて

その一　君《きみ》たちこどもが主役《しゅやく》だ
山賊《さんぞく》は仲間《なかま》たちと話《はな》し合《あ》って暮《く》らす。知恵《ちえ》を絞《しぼ》って力《ちから》をあわせた分《ぶん》だけ楽《たの》しくなる。

その二　思《おも》いやりの心《こころ》をもつ
年上《としうえ》は年下《としした》を、力《ちから》の強《つよ》い子《こ》は力《ちから》の弱《よわ》い子《こ》をしっかり守《まも》り助《たす》けるのが山賊《さんぞく》だ。一緒《いっしょ》に暮《く》らす仲間《なかま》のことをいつも思《おも》いやるべし。

その三　食事《しょくじ》は自分《じぶん》たちで作《つく》る
マキで火《ひ》をおこす。仲間《なかま》がたくさんいるから大丈夫《だいじょうぶ》。ちょっとくらいコゲたって、自分《じぶん》たちの力《ちから》で作《つく》ったごはんはおいしいに決《き》まっている。

その四　チャレンジが基本《きほん》だ
山賊《さんぞく》キャンプでは、いつもチャレンジの心《こころ》を持《も》つことが基本《きほん》だ。難《むずか》しいけれども、乗《の》り越《こ》えたときに、君《きみ》にとっての一生《いっしょう》の想《おも》い出《で》になるだろう。

その五　働《はたら》かざるものクウベカラズ
遊《あそ》びだけスゴクても、山賊《さんぞく》とは言《い》えない。食事《しょくじ》の準備《じゅんび》、火《ひ》おこし、片《かた》づけ、寝床《ねどこ》作《づく》り、そうじ…。暮《く》らすための仕事《しごと》はいっぱいだ。

その六　あいさつをする

山賊《さんぞく》の仲間《なかま》づくりはあいさつから始《はじ》まる。初《はじ》めて出会《であ》った仲間《なかま》に、勇気《ゆうき》を出《だ》して声《こえ》をかけよう。村《むら》の人《ひと》に出会《であ》ったら、元気《げんき》よくあいさつしよう。その瞬間《しゅんかん》、君《きみ》は山賊《さんぞく》になる

その七　仲間《なかま》はずれは許《ゆる》さない

山賊《さんぞく》はケンカする。でもイジメは許《ゆる》さない。一人《ひとり》の喜《よろ》びは人数《にんずう》倍《ばい》にして、みんなで笑《わら》う。一人《ひとり》の悲《かな》しみは人数《にんずう》で割《わ》って、ともにわかちあう。山賊《さんぞく》キャンプではそんな仲間《なかま》を作《つく》りたい。

その八　山《やま》や川《かわ》は大事《だいじ》な友達《ともだち》だ

やすおかの山《やま》や川《かわ》、空《そら》や大地《だいち》はとってもきれいだ。どうすればこの大事《だいじ》な自然《しぜん》を汚《よご》さないで楽《たの》しく暮《く》らすことができるか？　山賊《さんぞく》はそんなことをみんなで考《かんが》える。

右《みぎ》、こころにきざんだ者《もの》
信州《しんしゅう》やすおかの山賊《さんぞく》
となることを許可《きょか》する

二〇一一年《ねん》　夏《なつ》　最長老《さいちょうろう》

大地

がたってしまう。でも、みんなT君に何も言えなくてどうしようもない。

そこで私は、グループの子どもを全員集合させて、自分の協力の度合いを自分でチェックしてもらい、その理由をみんなの前で言ってもらった。

「手伝おうと思ったら、火おこししている人に、手伝うな！　と言われてやる気がなくなった」と協力の度合いが低かった子どもが言う。

「自分だけやっても進まないことはわかっている」とT君も、心境を吐露した。「実は自分でもどうしていいかわからなかった。がんばればがんばるほど、みんなが自分から離れていくことをわかっていた」という。

このT君の心境を聞いて、皆は積極的にT君に声をかけるようになった。T君もまた、自分だけがんばらずに、少し我慢してみんなといっしょに火おこしを手がけるようになった。

すると食事づくりがうまく進み、みんな協力してよかった、と思うようになった。

T君は周りの人の気持ちに耳を傾けられなかった。でも周りの子どももT君の気持ちに耳を傾けられてはいなかった。それでは事がうまく進むわけがない。それが続くと、いつのまにやら仲間はずれができあがってしまうというわけだ。

一人の子の苦しみ悲しみ喜びに、みんなが耳を傾けることが必要となる。山賊キャンプはそんな仲間づくりを目指したい。

（8）自然とともに生きろ

キャンプ場の横を流れる左京川。「スーパーコース」で行く万古川。天竜川に流れ込む支流は、どこまでも透き通っている。もぐれば、アマゴなどの泳ぐ魚が視界を横切る。星空もことさらにきれいだ。8月の流星群はためいきが出るほど見える。

おじいまがアマゴのさばき方を教えてくれた。そのアマゴが泳ぐきれいな川を残さなければ

この泰阜村の自然を次の世代まで残せるのだろうか。いや、残すのがわれわれ大人の責任で、その気持ちや自然の大事さを子どもたちに伝えたいと、一所懸命キャンプを実施してきた。キャンプで遊んで学んでも、周りの自然を汚しているのでは本末転倒に近い。山賊キャンプでは可能な限り、山や川を汚さない知恵を子どもたちと考えている。

泰阜村には下水道が配備されていない。もちろんキャンプ場にも下水道はなく、簡易浄化槽があるだけだ。食器を洗った水は地下に浸透し、子どもたちが遊ぶ川に流れ出す。きれいな川で遊びたければ自分たちの汚れた皿をどのように洗うか知恵をしぼらなければいけない。これを説明してわからない子どもはいない。

食器に残った食べカスは、舐めるかペーパータオルでふき取る。米のとぎ汁は流さずに食器の一次洗いに活用し、そのあと水道水ですすぐ。鍋や鉄板のスス汚れは、灰や草を活用して落とす。調理時に出る野菜くずなどの生ゴミも、専用の野菜畑で堆肥化し、来春以降の野菜づくりの肥料となる。

いずれも、「とぎ汁」や「灰」「生ゴミ」など、都会では捨てられるものを活用した生活の知恵だ。それはそのまま環境保全活動に結びつくものであり、具体的な環境教育にもなる。

自分だけが楽しむのではなく、仲間や自然も楽しくならなければ、山賊キャンプではない。

3　すごいぞ！　村の山賊たち

たまらなくうれしいよ

「キュウリは嫌いだったけれど、泰阜でとれたキュウリはおいしくて丸かじりできた。おばあちゃん、ありがとう」

夕方、山賊キャンプの子どもたちが田本集落の農家・中島千恵子さん（78歳）を訪ねてお礼を言う。

「子どもの顔を見るだけでうれしいのに、おいしいって言ってくれて、たまらなくうれしいよ。本当にやる気が出るね。ますますがんばらにゃあ」

中島さんはやる気に燃えている。山賊キャンプで提供されるほとんどの野菜は、中島さんをはじめ、村内農家の契約栽培によるものだ。1日3食。ひと組のキャンプで平均10食（3泊・4泊のキャンプの場合）、それが1400人分（子どもたち1100人と青年ボランティア300人）となると、その野菜は膨大な量になる。それをグリーンウッドが買い取るという仕組みになっている。

朝、農家の皆さんが、その日に食べるキュウリやトマトなどを、キャンプ場にどっと運んでくる。どの野菜も朝収穫したばかりで、ピカピカに輝いている。その大量の野菜が、昼にはきれいさっぱり子どもたちの胃袋に消えるのだ。

子どもたちにお礼を言われた中島さんは言った。

「食べてもらえてうれしいよ。おいしかったかな」

私たちは、野菜の生産地や誰が栽培したのかを気にすることが当たり前になった。同じように、中島さんたち生産者もまた、丹精込めて育てた野菜が誰の口に入るのかを気にしているのだ。私はこのことを知って、率直に衝撃だった。しかし、もっと衝撃だったのはその後の中島さんの姿勢だ。彼女は、安全な野菜づくりにますます燃えるようになった。農薬を減らし始めたのだ。

旦那さんの中島義昭さん（81歳）も同じ目線を持つ。

「子どもたちに食べさせるんだから、おいしい野菜をつくる」

野菜をおいしくするには、化学肥料は控えめにして、堆肥や米ヌカといった有機肥料を施すことが重要だという。たとえば、ホウレンソウを店に出すには「青み」が必要で、それにはチッソを多く施すことになる。しかし青みは出るが、味は苦くなってしまうらしい。だからなおのこと、化学肥料を減らして、有機肥料を増やしているのだ。

「キャンプの子どもに食べてもらう野菜は、家族が食べる野菜と同じようにつくるんだ」

二人は、どこまでも優しい瞳でそう言い切った。

中島さんは山賊キャンプに野菜を提供し始めてからほどなくして、村の学校給食にも野菜を出すようになった。現在、学校給食は、4軒の農家が順番に出荷している。季節によって違うが、週に1～2回ほど提供する。

中島さんご夫妻は、山あいの20アールの畑を管理している。生産される野菜の3割を山賊キャンプに、2割を学校給食に、残りの5割が自家用になる。

左京の山賊たち

山賊キャンプが実施されるキャンプ場は、左京という集落にある。この集落の人びとは、山賊キャンプの最初の最初から応援し続けてきたまさに心優しい山賊とも言うべき人びとだ。

中島さんは子どもたちにお礼を言われて、百姓のプライドに火がついた

キャンプ場のすぐ横を左京川という清流が流れている。村の小学校にプールができるまでは、この川をせきとめて村中の子どもたちが水泳学習をやったのだという。夏になるとそれはそれはにぎやかな集落だったに違いない。小学校にプールができてから、この集落から夏のにぎわいは消えた。集落の小中学生さえもうわずかである。

そんな左京地区に、夏のにぎわいが帰ってきた。

「毎年7月、丑の日を迎えると、左京川キャンプ場に子どもたちの元気な歓声がこだまし始めてなあ、それまで静寂を保っていた集落内は一変して盛んなにぎわいを見せてくれる」

左京集落の区長・遠山信義さん（74歳）は「送迎バスが何回も何回も出入りして。8月末まで続くキャンプのにぎわいは、まさに左京の夏の風物詩」と頬をゆるませる。

遠山さんは、梶が泰阜村に入ってきたころから、私たちのことをずっと応援してくれている筋金入りの応援団だ。現在は、村の教育委員長でもある。

「ちょっと深かったかな。子どもがいないときに手直ししてやるわ」

左京の羽場《はば》匡裕《まさひろ》さん（56歳）は、山賊キャンプの子どもたちのために、パワーショベルを使って毎年川をせきとめてくれる。どんなときでも子ども優先で作業をしてくれる頼りがいのある人だ。

集落の人びとは、大雨などで避難が必要になった場合はとりあえずここを使え、と集落の公会堂を案内してくれる。新鮮な野菜はどうだ、と夕方になるとキャンプ場をのぞいてくれる。今年

図2 山賊マップ
N
飯田市
下條村
阿南町
米川
金野
高町
稲伏戸
唐笠
松島貞治さん
(村長)
矢筈川
三耕地
学校美術館
北小学校
黒見
万場
柿野
明島
平島田
柿野沢川
泰阜村役場
分外山
945
篠田正彦さん
(炭焼き職人)
門島
閑川
左京川
左京
左京キャンプ場
遠山信義さん
(農家)
泰阜中学校
泰阜小学校
梨久保
田本
暮らしの学校だいだらぼっち
万古川
中島義昭さん・千恵子さん
(農家)
大畑
畑野今朝登さん
(猟師)
栃城
温田
漆平野
栃中川
木下藤恒さん
(アマゴ養殖業)
我科
天竜川

は東日本大震災で被災した子どもを山賊キャンプに招待していることもあり、特に多くの野菜を提供していただいた。

肝試しで、やれキャーキャー、キャンプファイヤーでやれワイワイ、早朝から夜遅くまで本当にうるさいキャンプ場だが、集落の人びとはみんな笑って言う。

「子どもの声が聞こえてにぎやかでいい」

「子どもがたくさんいてくれるから、イノシシもビックリして畑を荒らしに来ないよ。できることなら秋までキャンプをやってくれ」

もちろん、子どもや青年ボランティアが集落の人にあいさつしなかったり、お借りした施設の後片付けや掃除が甘くて怒られたこともある。それでも毎年協力してくれる。

山賊キャンプは、泰阜村のあちこちの集落にも出没する。

山あいの集落、梨久保《なしくぼ》集落は泰阜村に残る伝統芸能「くれ木踊り」を行なう神社と公会堂をキャンプのために開放してくれた。地元のおじいまが昔話をしてくれたりもした。

木下さんの住む栃城集落の途中にある漆平野《しっぺの》集落も、神社の公会堂をミステリーキャンプに開放してくれた。

元学校林のある集落、唐笠《からかさ》集落には冬の山賊キャンプの際に、生活改善センターを開放していただいた。

冬キャンプと言えば、「だいだらぼっち」の地元である田本集落は、除夜のかねつきなどを

「体験したことがないだろう」と何回もつかせてくれ、夜中の初詣も地元の人たちが本当にやさしく迎えてくれる。

泰阜が育んできた心優しい山賊の皆さんに心から感謝したい。

猟師参上！　これが本家の山賊だ

畑野今朝登《けさと》さん（66歳）。巨大な丸太を太鼓にしたり、もちつきの臼にする作業を道路端で行なってしまう田本集落の名物おじさんだ。実は猟師でもある。しかも本職がスクールバスの運転手というところもおもしろい。

そんなマルチな畑野さんは、現在は無人となった川端という山奥の集落に生まれた。すべて山に囲まれ、目の前には万古川が流れる環境で育った。

「自分でほしいものは自分でつくる、というのが当たり前。自分でつくると、どうしたら使いやすいのか、という工夫をする。思考力は、やってみないと培われない。お金が必要なときには、つくったものを売って稼いだ。小さいときに教えてもらったこと、覚えたことが、ほとんど今も役立っている」

自然とともに生きる術や知恵がどんどん培われていったという。

そういえば集落の秋祭りで、子どものために「お菓子まき」をするのだが、氏子総代（住民代表）の畑野さんは、なんと！　豪勢にマツタケをまいていた。群がったのは子どもではなく、大人たちだったことは言うまでもない。

ところで、泰阜村は獣害に長いこと悩まされてきた歴史をもつ。イノシシ、シカはもちろん、今ではサルやハクビシンにも困っている。猟師とはいえ、それで食っていくことは難しいが、獣害に悩まされるこの村では、引く手あまたなことは想像に難くない。

私たちや子どもたちは畑野さんのことを「ケサトさん」と呼んでいる。トレードマークは黄色いツナギだ。目立つのでどこにいてもすぐわかる。

「ケサトさん、今年は田んぼにイノシシが出ませんでしたよ。よかったぁ」

「だいだらぼっち」の子どもが手がける田んぼが、イノシシの被害がなかった年に、私は思わずうれしくてケサトさんに報告した。返ってきた答えは想定外だ。

「そりゃそうだ、俺が全部獲っちまったんだもの。まあ、5頭はいたな」

涼しい顔で言う。絶句だ。にわかには信じがたい。どうやって獲るのか聞いてみた。

「罠で獲る。狙ったイノシシは9割以上の確率で仕留められる」

罠もすべて自作だそうだ。罠のかけ方を詳しく聞いたが、それはケサトさんが編み出した一撃必殺の方法で、すべて理にかなっている。

この正確な罠猟で、ケサトさんは、年間に40頭のイノシシと、60頭のシカを仕留める。すさまじい数だ。これまでかかったなかで最も大きかったイノシシは、なんと110キログラムほどあったという。こうしたイノシシやシカの肉は、新鮮なうちに木下さんと運営する民宿で、料理に出される。

もちろん、山賊キャンプでもケサトさんは登場する。

「朝、見回りにいったら、イノシシが罠にかかってた。今から解体するから子どもたちに見せようか」

いきなり電話がかかってきた。指示される場所に行ったら、なんとキャンプ場の横を流れる左京川だ。

「おう、来たか。イノシシは素早く血を抜けば獣臭くねえのよ。獣臭くなるのは血抜きが遅いもんでな。その後は内臓を取り出して流水で冷やす。川が一番いい」

だから左京川なのだ。子どもたちも興味津々で集まってきた。ゴツゴツした野生のイノシシ、大きなレバー、そしてそれを見事なまでにさばいていくケサトさんの早業。どれもが子どもたちにとっては初めての光景で、一気に歓声があがる。

ケサトさんは、獣肉をさばくとき、部位ごとにナイフを使い分ける。その数、十数本。それらのナイフももちろん自分で研ぐし、ナイフの柄は鹿の角でつくられている。子どもたちはケサトさんのそのたたずまいに、しびれるのだ。

まさに泰阜村の山賊だ。

イノシシが獲れた朝が、泰阜村の山賊による即興かつ贅沢な、食育の授業なのだ。

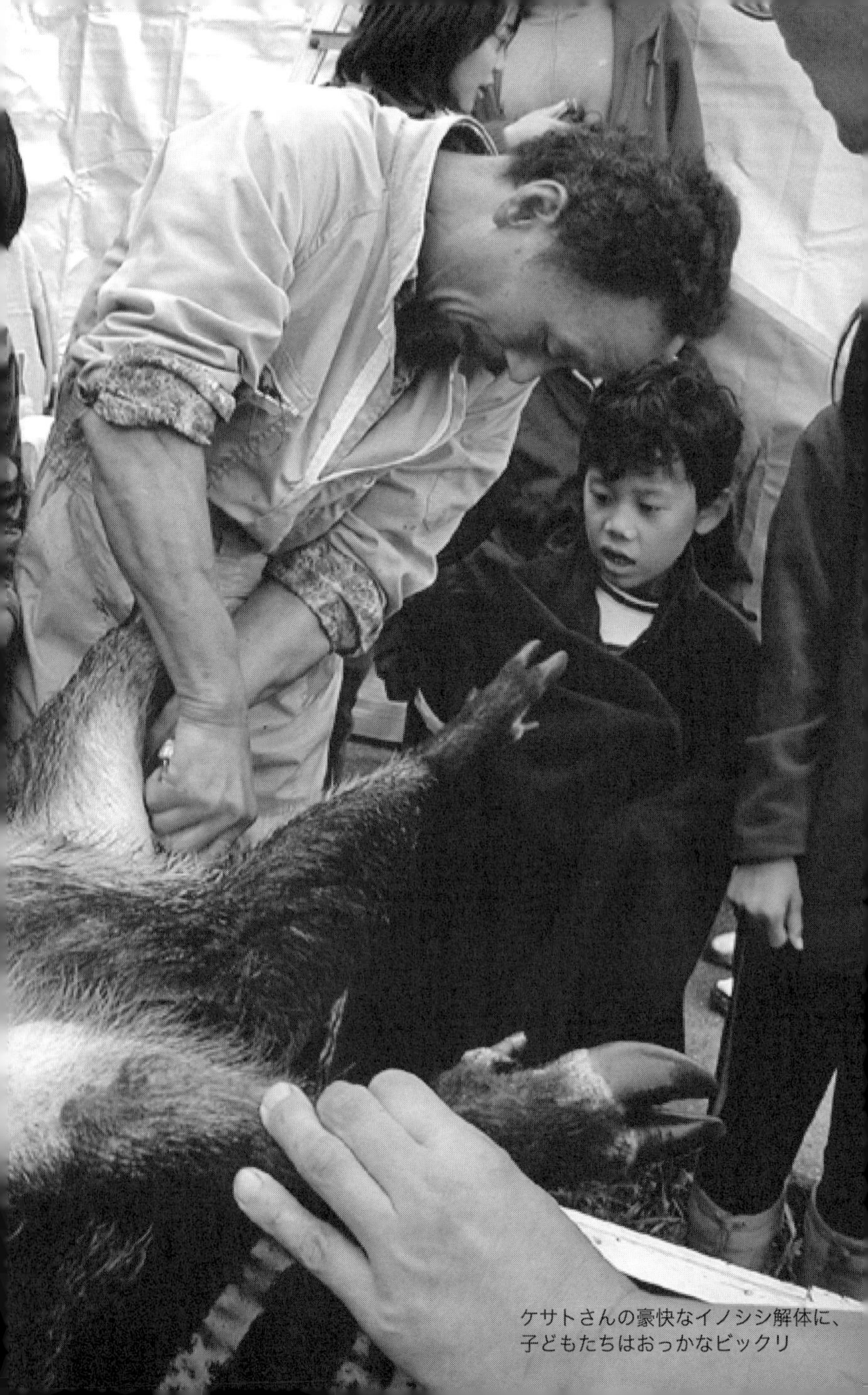

ケサトさんの豪快なイノシシ解体に、
子どもたちはおっかなビックリ

W.W.A

グリーンウッドが実践する山村教育を、研究者の野田恵さんの視点で評価してもらった。野田さんは、3年間グリーンウッドの職員として泰阜村で暮らした後、博士号（農学）を取得した異彩を放つ若手研究者である。博士論文は「環境教育における『経験』概念の研究」。野田さんがグリーンウッドで働いていた当時のキャンプネームは「マッコ」だ。それではよろしくお願いしたい。

◉マッコの視点 その1

経験とは

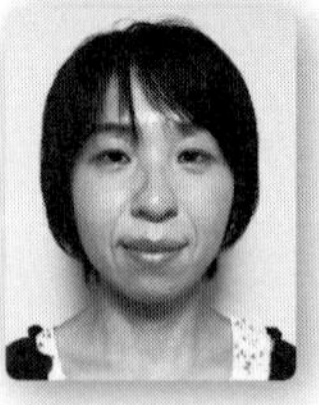

グリーンウッドでは、山村留学やキャンプなどさまざまな自然体験を行なっている。ここでは少し、その教育的意義を理論的に考えてみたい。

今、自然体験活動が盛んに行なわれている。しかし、大切なことはそれが本当に実りあるものなのかどうかということである。では、どんな経験が、子どもにとって学びあるものなのだろう。教育学者のジョン・デューイはいくつか述べているけれど、ここではわかりやすく、二つにまとめて紹介したい。

まず一つめ。教育的な経験とは「意味（ミーニング）」を増やす経験である。

ここでの「意味」とは、少し特殊な用語で、「自分と周囲の物事やいろいろな行為との関連」の事である。私たちが何かをするときは、何かに働きかけるという能動的な面と、何かをした結果を受け取るという受動的な面がワンセットになっている。今、このワンセットを「経験」と考えたい。私たちは、ふだん「何かをした」と言うと、自分の行なった能動的な面にだけ目が向きがちだ。しかし、実際には、何かをなしたことで、同時に何かを受け取っているのである。

山道を歩いていて、赤く熟した木の実を見つける。手を伸ばして口に入れる。思いがけない苦さを味わう。がっかりした気持ちが生まれる。「それはヘビイチゴだよ、キイチゴとは違うんだよ」とそばにいたひとに笑われて、恥ずかしい思いを味わい、また、その木の実の名前を知る。

手を伸ばして食べたという能動的な面と、思いもかけない苦さを味わうという受動的な結果が一つの経験となっている。そして、その木の実を食べることの「意味」を知る。失敗したという苦々しい思いが生じるかもしれない。植物の名前を知るという知的な好奇心を育むかもしれない。いずれにせよ、この一つの経験によって、自分の行為や自分の周りにあるさまざまな事柄の関係を知るのである。こういうことを、経験を通じて「意味（ミーニング）」が増える、と表現するのである。

自分となんら関わりのないものに「関心」を持つということはありえない。「関心」とは、その名のとおり、自分と「関わりがある」事や物、行ないに対して、心を向けることにほかならないからである。従来から、経験が興味や関心や行動への意欲を養うといわれてきた。

それは、経験がこのように「関連をうみだす」ものだからである。

いいかえれば、経験を通じて、世界にあるさまざまなことがらが、私自身と結びついて意味を持ち始めるのである。同時に、私のなかに、感情や知的な態度などの内面が形づくられたり、あるいは修正されたりする。ヘビイチゴにがっかりした子どもは、赤い実をみても衝動的に食べることはせず、より慎重になるだろう。このように、経験を通じて身についた内面的な要素は蓄積される。そして、周囲との関連を意識しながら、より自分が望む結果にふさわしい行動をとれるようになる。

こうして経験は、後の行動に影響をあたえる。これが、学びある経験の二つめの条件だ。経験が一時的なものであったとしてもその経験の影響は長く続き、良質な経験は「連続性」をもつ。

3泊程度のキャンプをしたとしても、一時的なものだから、その効果は時間がたつと薄れてしまうのではないかと考える人もいる。しかし、そうではない。良質な経験は、たとえ1回限りのことであっても、長く影響を与えることがあるのである。

以上、経験をこのように理解したときに重要なのは、次の3点である。

まず、子どもたちにとって「意味（ミーニング）」を豊かにする経験を生み出すためには、目的を持って自ら働きかけることがなにより重要だ。子ども自身が目的を持つということは、こうしたらこうなるだろうという結果の予測を自分なりに持っていることでもある。そして行為の結果、それが正しかったり間違っていたりするからこそ、子どもたちはいろいろな物事の関連を多く知ることができるのである。大人に指示されて、機械のように動いているだけでは、意味ある経験をほとんど生み出さない。良質な経験は、能動的で主体的な行為から生まれる。

次に、働きかけ、結果を受け取るまでには、時間がかかるものだ。すぐに結果が出ることばかりではないし、失敗もつきものだ。迷ったり、悩んだり、考えたり、失敗したりする危なっかしさや時間がかかることが保障されていなければ、意味ある経験は生まれないのである。

最後に、子どもの行為が、他の人びとと関わる具体的な意味の連関のなかにあることも大切だ。たとえば、バケツに稲を植えて栽培する体験よりも、本当の農村のなかにある水田で稲を育てるほうが、より意味（ミーニング）の多い経験をもたらす。なぜなら、農村のなかにある水田には畔があり、畔にはヒガンバナやゲンノショウコが生えていて、水路にはドジョウやタニシがいる。水路の管理は集落全体の関心ごととなっている。だから稲作が、地域の生物の多様性を育むことや集落全体の規範と関わっていることを知ることができるのである。多くの要素と連関のある体験をすることが重要なのである。

自然は、複雑に構成され秩序を持っているので、自然体験はさまざまな要素との連関を経験することができる。また農業に代表されるように、長い見通しも必要である。農村の暮らしには、ほかの人びととの共同関係も欠かせない。このように多くの関わりを学ぶのに、農山村の自然体験はうってつけなのである。

しかし、世の中には限られた時間のなかにさまざまな計画を盛り込んで、細切れになっている体験活動のいかに多いことか！　特に、結果が出るまで時間がかかり、いろいろな意味の関連を知るにふさわしい農的な自然体験がコマ切れになっているのは悲劇的というしかない。植え付けをするだけの農作業。収穫だけの芋ほり。摘花や受粉作業だけ行なっても、それが果樹栽培の全体を通してどのような意味があるのか本当にわかるには1年のサイクルが必要であろう。

以上、デューイの経験概念を手掛かりに、子どもの成長を育む経験とは何か論じた。素朴なキャンプを出発点に、1年間の山村留学へ発展したグリーンウッドの取り組みは、当然といえば当然である。なぜなら、経験が本当に意味ある物になるには、時間をかけたり、失敗と再挑戦を許容する時間的余裕が不可欠だからである。同時に、子どもたちが自ら目的を持って行動するという主体性、大人が指示を出さずに見守って待つこと、細切れではなく「地域に根ざした暮らし」の全体に学びがあるという梶たちの直観は、理論的にもきわめて妥当で説得力があるものだといえる。

（野田　恵）

第4章

泰皇村立伊那谷あんじゃね自然学校

――子どもが変わる、地域が変わる

取り戻せ、村の教育力。日本中が注目する村の教育力の成果とは？

1　あんじゃね自然学校

「あんじゃね」な先生って誰？

2002年4月、泰阜村に小さな自然学校が開校した。泰阜村が「だいだらぼっち」の敷地内に建物を建設し、企画や運営はNPO法人グリーンウッドが担当する。いわゆる官民協働事業のはしりだ。その名を「伊那谷あんじゃね自然学校」という。

「あんじゃねぇ」とは「案じることはない」「大丈夫」という意味の南信州の方言。そこには、きびしい自然と共存しながら暮らしてきた先人の生きる知恵を、村の子どもたちに伝えていきたい、そして、子どももお年寄りも「案じることはない＝あんじゃねぇ」と安心して暮らせる村にしたい、という願いが込められている。

折しも都市の子どもを対象とした「だいだらぼっち」や山賊キャンプが少しずつ軌道に乗るなか、村の子どもの体験不足を心配する声が少なからず聞こえてきたときのこと。村のおじいまやおばあまが先生となり、子どもたちに体験活動を提供しようというのがねらいだ。

参加する子どもは、参加費500円（保険料＋おやつ代）を小さな手に握り締めてやってくる。小学校を通して募集され、毎回10～20人程度の子どもたちが参加している。

当初は月1回の「土曜学校」というプログラムで行なわれていたが（現在は月1～2回）、毎週開催できないのにには理由がある。村のおじいまやおばあまが、子どもたちの前に出るのを恥ずかしいと嫌がって、なかなか講師を引き受けてくれないためだ。

三耕地集落の篠田正彦さん（85歳）は、今では数少ない炭窯づくりの名人だが、「伊那谷あんじゃね自然学校」の炭窯づくりの講師を依頼したところ、

「わしは職人だぞ、子どもなんかといっしょにやれるか！　作業の邪魔になるだけだ」

にべもなく断られるどころか激怒された。そこをなんとかかと、何度通っただろうか、ようやく首を縦に振ってくれた。

炭焼き職人の篠田さんは、いまや、あんじゃね自然学校の講師代表に

それでも絵に描いたように「しぶしぶ」だった。

ところが当日、子どもたちといっしょに炭窯をつくってみるとどうだろう。しぶしぶの顔が緩みだしたではないか。どうやら子どもたちの一生懸命な姿に心を打たれたようだ。

「これからは子どもといっしょでなければ、わしは炭窯づくりをやらない」

とても同じ人とは思えない。それは篠田さん自身が、自らの技や炭窯にまつわる伝統を子どもたちに伝えることに楽しさを覚えたからに他ならない。

篠田さんも木下藤恒さんと同様、今では失われつつある「自然と共存してきた知恵の数々」を今に、そして未来にいかすために、子どもたちに伝える。それが必要だしおもしろいという。こうして次々と、「あんじゃね」な先生が生まれていくのである。

「宝の山」の見つけかた

泰阜村は人口が1900人余り。村内には19の集落が散らばる。こうなると、一つの集落に小学生が数人いればいいほうで、まったくいない集落も珍しくない。学校から帰ってきた子ども同士が集落で遊ぶ姿はなかなか見られない。ましてや、違う集落の子どもと遊ぶことは皆無に等しい。

子どもが家の外に出ない。外の空間というのは、本来はさまざまな生活文化が受け継がれる場であった。そこに子どもたちが身を置かないというのは、何を意味しているのだろうか。

それは、学校以外での子ども同士のふれあいや、近所の大人とのふれあいなど、地域社会での日常的な学習機会を失うことを意味する。

子どもたちの学習機会は、いつしかテレビや映像のなかに狭められてしまった。すぐそこに、豊かな学習機会の固まりともいえるおじいまやおばあまがいるというのに。学習機会が失われたというよりは、そのきっかけが失われたというべきか。「伊那谷あんじゃね自然学校」は、そうした学習機会を取り戻すきっかけの一つでもある。

おじいまが、縄をなう。

「魔法の手だ」

その見事な手さばきに思わずもれる驚きの声だ。ワラから縄や草履やしめ縄に、次々と形を変えていくその魔法の手に、子どもたちの目も輝く。なにしろそれまでは家にいるただのおじいまが、今日からは素敵な先生になるのだから。

見たこともない竹のおもちゃ、歩いたこともない山道、聞いたこともない道具の音。それらすべてに、子どもたちは五感で反応する。五感が反応すると見えてくるものがある。それはこの村にもともと存在する宝物だ。今までとは違う見方で村の生活文化を見つめれば、それはかけがえのない宝の山になる。

子どもたちは、おじいま、おばあまという文字通り「あんじゃね」な先生から、村の宝の見つけ方を教わるのである。

よみがえる学校林

泰阜村唐笠集落。そこに、2010年3月に廃校となった泰阜北小学校の旧学校林（約4ヘクタール）がある。1940年代、まだ薪ストーブが主流だったころは、燃料を調達する薪炭林として利用されていたという。時代が変わり学校から薪ストーブが消えるとともに、子どもたちの声が森林から消えた。やがて手入れのされない木が増え、暗い森になって放置されていたのだ。

それが今では「あんじゃね自然学校」の付属林として再生されている。森林に子どもたちの声を取り戻そうという願いから、自然学校ではツリーハウスづくりの計画を出した。

村の製材所や林業士、プロのツリーハウスビルダー、グリーンウッドのスタッフ、そして村の子どもたちが4回にわたってワークショップを行なった。もちろん子どもたちのアイディアをもとに設計する。高さ5メートル、床面積6畳、窓やドア、ロフトまでついた立派な小屋だ。

この学校林の思い出を村の古老に聞いたことがある。

「いやだったのはな、薪を背負板《しょいた》にたねる（束ねる）ことが上手くできんかったことだな」

どうやら学校林に薪集めに行くのは楽しいことばかりではなかったようだ。なにせ学校まで、ズルズルと変な格好で薪を背負わなければならなかったからだ。

「そうしたらな、上級生が見かねて背負板にたねるのをやってくれたもんだ」

当時の子ども同士で助け合っている。ツリーハウスを建てるときも同じだ。小学6年生の子が小学1年生の子に手を添えて作業を行なった。昔と今では旧学校林の使い方、活動内容は違う。しかし、大事なことは受け継がれている。それは、この森林に埋め込まれている教育力だ。

「二人で行動すること。一人っきりにはならないこと」

かつて山師だった近藤弘一さん（81歳）は、夕暮れ迫るころ、何頭も熊をしとめたこと、熊と出会ったら逃げるのは容易ではないことを、子どもたちに伝えた。学校林の周りの木には熊の爪跡がある。森林はどんどん暗くなっていく。子どもたちは、ゴクリとのどを鳴らしながら近藤さんの話を聞いている。その後、あれだけ言うことを聞かなかった子どもが、勝手に一人では行動しなくなった。

子どもたちは学んだ。この森林で過ごすには、助け合うことが必要なこと、人の言うことを聞く

「ヤッホー！」、数十年ぶりに森に子どもたちの声が戻ってきた

ことが必要なことを。ツリーハウスが完成し、戻ってきたのは子どもの声だけではない。この森林に内在していた教育力も戻ってきた。

あんじゃねの森――

子どもたちが旧学校林のことをそう呼び始めた。今ではあんじゃねの森は、子どもたちの一番人気の場所になりつつある。それは、この森林が村の歴史や村人の存在と切り離されないための大切なことを学べる場であることを、子どもたち自身が自覚しているからなのだ。

「腑に落ちる学び」ここにあり

「かわいい！」

「俺がエサをやる！」

蚕の幼虫を前にして、子どもたちの歓声がどっしりとした造りの古い家の2階に響く。ここは村で1軒となってしまった養蚕業を営む早野操《みさお》さん（78歳）の家だ。2階全体が養蚕に適した構造になっている。

かつて養蚕は村の一大産業だった。「お金を産む虫」とも「お蚕様」とも呼ばれていた。1950年代のことである。時代が変わり養蚕が下火となると、次はコンニャクが売れに売れた。1970年代は、泰阜村はコンニャク生産日本一を誇っていたという。そうした産地の変遷を経ながらも、早野さんはいまだに養蚕業を営んでいる。

「この蚕は、ちょうど1週間後に繭をつくるよ」

そんな早野さんの言葉に子どもたちは半信半疑だ。

「ほんとかなあ」

子どもたちはこの幼虫から繭、そして絹糸に変身していく養蚕という生業にピンときていない。それに加えて、その変身の時期がどうして1週間後なのかということも疑問なのだ。

それから1週間後、子どもたちは再び早野さんの家を訪れた。そして息を呑む。目の前で蚕の幼虫が次々と繭になっていくではないか。そして長年の経験から、繭に変身する日をピタリと言い当てた早野さんに対するまなざしが、尊敬の念へと変わっていく。

「このおじいさん、すごい」

子どもたちは目の前の現象をいくら説明しても理解しない。理解するためには、その説明の言葉を発する人との関係性が重要なのだ。

「腑に落ちる」とはよく言ったものだ。子どもたちは、早野さんの言葉が尊敬の念とともに「腑に落ちた」。早野さんの存在、もっといえば早野さんと子どもたちの間につくられた関係性が、子どもたちの身体で培う学びを可能にしている。

「これがお蚕さまなんだあ」

それまで目の前で桑の葉を食べているのは気味の悪い幼虫だった。それが、「かわいい」を経て「お蚕さま」に変化していく。そして腑に落ちる。それまでは倉庫のように見えていたこの家

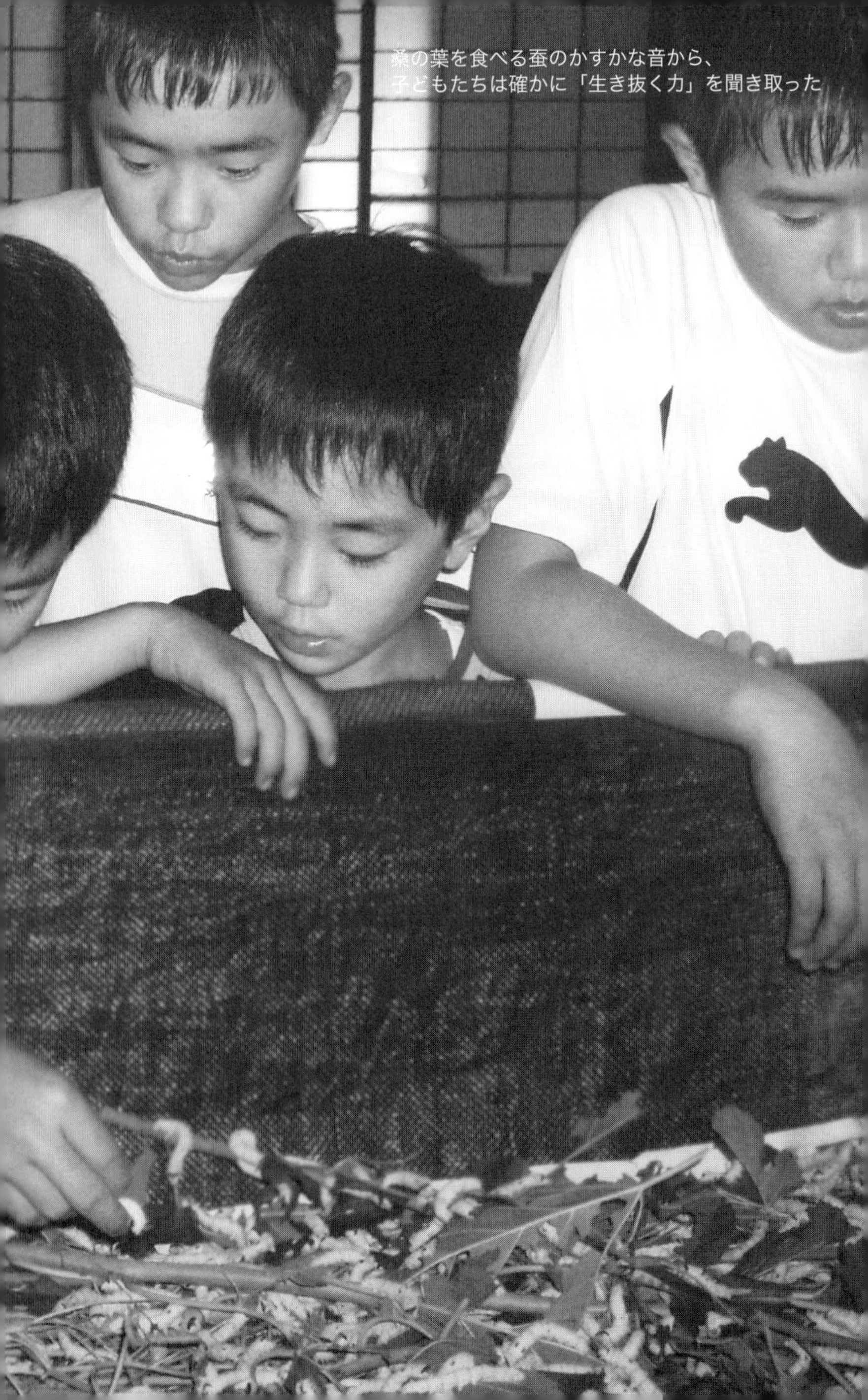

桑の葉を食べる蚕のかすかな音から、
子どもたちは確かに「生き抜く力」を聞き取った

の2階が、なぜこのような構造になっているのかを。子どもたちが学ぶのは目の前の現象だけではない。目の前の現象が早野さんの生活につながり、かつて養蚕業が盛んだった頃の歴史にもつながっていく。このような時空を超えた関係性から、子どもは村の暮らしを学んでいくのだ。

歴史は胃袋と舌で学ぶ

「え？ 餃子をつくるの」

子どもたちが思わずつぶやいた。

泰阜村には、国策による満蒙開拓へ1000人以上の村人を送り出してしまった負の歴史がある。全国的にみても長野県は渡満者が多く、なかでも泰阜村を含む飯田・下伊那地区の割合は突出している。その多くが敗戦の混乱のなか、大陸で尊い命を落とした。生き残った人も、残留孤児・婦人となって中国でなんとか生き延びた。そして2009年、ようやく泰阜村への全員の帰国が終了した。

「黒龍江省《こくりゅうこう》の餃子は水餃子。大事な人を皮に包んで帰さないという意味があるんだに」

講師の中島多鶴さん（85歳）は語りながら指を動かす。

「魔法の指だ。すごい」

子どもたちの3倍も4倍も速いスピードで皮がつくられていくその所作に、ここでも驚きと尊敬の声が漏れる。

多鶴さんは、1940年、15歳の若さで満州に渡った。看護婦として働いていたが、日本軍の敗戦により、母と3人の妹とともに逃避行を続けた。日本軍に見放され、肉親を目の前で殺されたり、大河を前に母親が子どもを流したり、親子いっしょに川へ入水せざるを得ないという、まさに地獄の逃避行だったという。そして多鶴さんもまた二人の妹を失った。

仲間が生き延びるために次々と中国人の妻となるなか、多鶴さんは日本に帰ることを決してあきらめなかった。そして敗戦1年後の1946年に、たった一人泰阜村に戻ることができた。

中国に残る仲間は皆「日本に帰りたい」と懇願していたという。その後多鶴さんは、仲間を日本に引きもどすことに生涯を捧げることになった。

「生きようと思わなければ生きられませんでしたよ」

「多鶴さん、どうしてそんなに上手なの？　魔法の指みたい」

多鶴さんは、中国から帰村したひとたちとともに、子どもたちに餃子づくりを教えてくれる。その作業の傍らで、満州開拓の夢の話、当時の日本とアジアの話、実は中国人はあたたかい心を持っているんだということ、そして命の尊さを子どもたちにつぶやくのだ。

「おいしい!」

「焼き餃子より、水餃子のほうがいい」

多鶴さんに教えられてつくる餃子の味は本当においしい。子どもたちは、そのおいしさに感動している。そして、そのおいしさに込められている背景に想いを巡らしているにちがいない。子どもたちは決して餃子のつくり方だけを学んだのではない。命からがら満州から帰国した多鶴さんの壮絶な生き様、帰国後の周囲の蔑視などに耐えながらも強く生き抜く姿勢、そしてその背景にある泰阜村やアジアの歴史にも連なっていることを学んだのだ。

しかも痛快なことは、そのことを頭ではなく胃袋と舌で学んだ。

泰阜村の持つ満蒙開拓の歴史は確かに悲しい歴史だ。一方で、その歴史を学ぶことは、新しい未来づくりへの挑戦の始まりでもある。

2　あんじゃね支援学校

「村を捨てる教育」よ、さらば

「都市に追いつけ追い越せ」

戦後教育は、この競争意識を泰阜村の人びとに強烈に浸透させてきた。泰阜村が都市になることが、村の幸せだと誰もが信じて疑わない時代があった。だからこそ村人は、「何もない」村の境遇を嘆き、「この村にいては将来がない」と、こぞって子どもたちを都市に送りだしたのだ。

その結果どうなったのか。村の学校で教育を受ければ受けるほど、この村に戻ってこない若者を増やす「村を捨てる教育」になってしまった。「あんじゃね自然学校」は、そうした戦後教育の反省に立っているのかもしれない。

「学校週5日制が始まる際、子どもたちの土曜日の過ごし方が学校や教育委員会でも議論になったが、当時こうしたらいいという確固たる意見をもった人はいなかった。土曜日が休みになることで、それが困るという親御さんの意見を聞いた。いろいろなことを提言する人はいるが、実行する人は案外少ない。村民のなかにも土曜日の居場所がなくなる子どもを引き受けてやってくれる気概はなかったのかもしれない」

泰阜村の松島貞治《ていじ》村長（60歳）は2002年、「伊那谷あんじゃね自然学校」が開校したときの様子をそう語る。そこで松島村長は「グリーンウッドで土曜学校をやってくれないか」と、私たちに相談を持ちかけてくれた。ちょうど私たちも村の子どもたちの体験活動を実施しようという気運が盛り上がってきていた矢先だった。こうして「土曜学校」は始まったのだ。

それから5年たった2007年。

「このままでは村の人びとが大事にしてきた生活文化を村の子どもに伝えられない」

「今こそ、村の大人が力を合わせて子どもたちに村のよさを伝えるべきだ」

そう思う村人が増えてきた。有言実行しようと思う大人たちだ。

泰阜村にはもともと、地域住民によって地域の教育をつくり上げる気風があった。地域の教育のあり方を、地域の人たちが考え、行動する。それは欧米のプログラムを輸入するものでもなければ、文部科学省や県教委からあれこれと指示されるものでもない。

こうして、ゆるやかだが力強く地域教育を進めていこうとする15人の村人が集まって会議が開かれることになった。

小さな村の強いリーダーシップ

この会議のことを「あんじゃね支援学校」という。それは、読んで字の如く「あんじゃね自然学校」を支える大人たちが学び合う場だ。

構成員は、小中学校、保育園、小中保PTA、役場職員、青年団、NPO、農家、猟師、議員、陶芸家、炭焼き職人、Iターン代表者など、20～80代まで職業も年齢もさまざま。たまに学術研究者が参加したり、研修会で講師を呼んだりもする。全員参加の会議は、年に3～4回。平日夜の開催にもかかわらず、出席率は毎回ほぼ100％に近い。

村の子どもたちの未来のために、村の大人たちがああでもない、こうでもないと頭をつき合わせて考えたり、笑ったりする。これまでも村の寄り合いなど集まる場はあったが、子どもをテーマに、こんなにもざっくばらんな集まりはこれまであるようで実はなかった。

「あんじゃね支援学校」の名付け親は松島村長である。その村長が、支援学校の初代座長になった。二代目座長は木下忠彦教育長、そして三代目は村議会議長でもある木下藤恒さんだ。村長や教育長、議長自らが先頭を切って村の子どもの教育を考え抜こうとしている。この強いリーダーシップがあるからこそ、周りもついてきている。

驚くべきことに、こんな活動に文部科学省が2007年から2年間お金を出すという。2009年から2年間はトヨタ財団、2011年は長野県がお金を出してくれた。事務局を担うグリーンウッドは、その事務処理が大変だが、そんな労力がちっぽけに思うくらいに「あんじゃね支援学校」の手応えを感じている。なにしろ、小さな村の小さな教育の取り組みを、政府、企業、民間NPO、地域住民が力をあわせて実現させようとするのだから……。

それは反省から始まった

「あんじゃね支援学校」の最初の1年間は反省から始まった。世間では「最近の子どもたちは『体験』が少ない」といわれるが、それはなぜかといえば、大人の自分たちがしっかり伝えていないからだということに、議論を重ねれば重ねるほど直面してしまうからだ。

木下藤恒さんは開口一番、こう切り出した。

「40～50代くらいまでは、自然はいやな対象だったな。しかし、よく周囲を見つめると、自然もそうだが、人間を形成するうえで非常に大事な要素があることを感じた。ワシは周囲の自然はよくわかる。しかし、子どもたちが知らん。まったく継承されとらんことに愕然だ。そういう自分だって自分のやってきたことをまったく子どもたちに教えていないわい」

それにつられてか、副村長の横前明さん（当時村づくり推進係長）も「子どもは親の背を見て育つというけれど、親の背を見せる時間がないんだよね。子どもが小さい頃は田んぼなどについてきたけど、今は宿題だの勉強だので時間がないしね。それに周りも同意してしまう。今、自分の子どもを自分で育てることができていないっていうのを情けなく感じるな」と吐露する。

「子どもは刃物を使わなきゃならんのな。親が刃物を使わせないことは、おかしいと思う。しっかり親も勉強しなきゃならん」

炭窯職人の篠田正彦さんは、若い世代への苦言を呈した。その若い世代の代表ともいえる小学校PTA会長（当時）の仲間英明さんも反省の意見を出した。

「実際、伝える、ということが難しい時代になっている。自分が子どものころは、お手伝いで田んぼや畑に連れて行かされた。手伝いをするなかで、実はお茶の休憩の時間にいろいろなことを覚えていったもんだ。今の時代、子どもにやらせると余計時間がかかっちまうから、なかなかやらすことができん」

それから4年間。村の子どもたちのために、大人が頭をつきあわせて意見交換をしてきた。

「基本は、ものはつくって食べるんだってことを伝えたい」

「この村の人、特に本物の人びとのつながりを大事にするともっといいじゃねえか」

「いろんな人を活動に巻き込んでみるってのはどうかな」

「内容はなんでもいいら。この村が積み重ねてきたものを体験できればいい」

「親、学校、地域の人が、子どもの未来についてどうしたらいいかを話し合える場をつくれればいいんだが。この支援学校がそうなればいいけどな」

「もっと小さい幼児こそ遊ばせるべきだと思うがどうかなん」

「中学生は、ボランティアとして関わってもらったほうがいいらよ」

「青年団のあんちゃんたちに企画をしてもらうのもいいんじゃねえか」

不思議なことに意見交換が活発になると、議論は次第に課題解決型になっていく。

「元学校林をもっと活用するためには」「里山での作法や安全な遊び方について」「地域行事が重なることを避けるには」「学校と協働するには」「この場を活用して年間予定調整を、学校、村、あんじゃねでやろう」

こうした意見交換、課題解決に向けた議論は、村の大人にとって、きっと沸々と湧き上がる「伝えたい」という本能的な感覚を呼び覚まされているように思える。

村の教育が動き出す

最近は、「森のようちえん」や野外保育が流行らしい。要は、冷たい、とんがっている、ざらざら、熱い、ぬるぬる、どろどろなどの身体的感覚を、幼少期に、しかも自然のなかで育てていこうとする活動だ。

「あんじゃね支援学校」の議論のなかで、村の保育園児にも体験活動をさせてはどうかという意見が出た。

「泰阜の保育園の子どもは、大きな滑り台があるからって遠足で隣村の公園に行くっていうんだに。でも、多少危険があってもいいもんで、遠足は泰阜村のなかでもいいらよ。今は、どこが危険なのかを分からんまま親が危ないと決め付ける。だもんで安全が確保された遊具でしか遊ばない。専門スタッフの力でそこをなんとかしてもらえんかなあ」（当時小学校ＰＴＡ会長の高原保さん）

支援学校のメンバーは、それはよいことだと皆言う。しかし、メンバーの一人である保育園の担当者はあまりよい顔をしていない。

「これまであんじゃね自然学校は知っとったが、参加となると一歩ひいとったな。泰阜の自然を利用してできればいいとは思うけど、どういう風なことができるかイメージできんのな」

戸惑ってはいるが、意義に疑問を感じているのではなさそうだ。聞けば、やれ砂場に猫の糞がある、やれ遊具が危ないなどと、野外に連れ出せば保護者があれこれ言うのは確実だと。そうなのかもしれないが、そんなことにひるんでいる場合でもない。

さっそく支援学校で研修会を開催し、野外保育の先進地から講師を招いた。村の保育園の先生達を募って、逆に研修に出かけもした。保育園と協働して、保護者にも丁寧に趣旨を説明したり、報告をした。

今ではおおよそ月に1回、グリーンウッドのスタッ

最初はおとなしい保育園の子ども。すぐに泥だらけになって駆け回る

フが保育園に赴き、子どもたちを川や山に連れ出している。大きな変化は保育園の保育士の皆さんだ。

「園児だけではなく、保育士にとっても勉強になった」

3年目の「あんじゃね支援学校」で、保育園の藪下園長が感想を述べた。

子どもたちはもっと正直だ。森のなかで最初はおっかなびっくりだったが、すぐに慣れて自ら斜面をかけあがっては転がり降りてくる。やはり外で身体を動かして遊んだほうがおもしろいに決まっている。

3年前に赴任した泰阜中学校の木下校長は、学校と地域とがいっしょになってこの地域の子どもを育てる「共育（ともいく）」という考え方を強くもって学校運営にあたっている。

そんな木下校長が、「あんじゃね支援学校」のメンバーになった。すると中学校の生徒が地域の行事にボランティアで参加する回数が増えた。もちろん「あんじゃね自然学校」の活動にもボランティアで参加してくれる。

数年の議論を経て、「あんじゃね自然学校」の枠組みで、中学校生徒を天竜川にカヌーで連れ出そうという企画を立案した。しかし、「暴れ天竜」と呼ばれる激しい水害の記憶とともにある川だ。この村で天竜川に近づこうと子どもたちに薦める大人はいない。教員もリスクだけ考えれば、川に子どもを連れ出そうとはしない。

しかし皆、天竜川の持つ教育力をわかっている。私たちグリーンウッドのスタッフは、川で子どもたちを遊ばせるための方法や安全管理に精通している。そこで、中学校とグリーンウッド、そして「あんじゃね支援学校」が協働して、子どもたちに天竜川の教育力を享受する機会を与えようとなったのである。

これは画期的なことだ。残念ながら2010年7月、最初の実施は雨で流れた。通常ならこの時点で協働は終わりだ。しかし、あきらめない。中学校と粘り強く協議し、中学校生徒会と連携しながら、11月と12月に、川のゴミ拾いなどの環境ボランティア活動を実施した。驚くことに多くの中学生と保護者が参加した。中学生ともなると、「体験」より「貢献」なのかもしれない。ゴミ拾いに参加した中学生のうち二人は、環境活動を発表する子どもフォーラムに参加するため沖縄まで出かけた。

2011年、中学校との協働は、ゴミ拾いからカヌー活動、そして被災地支援へと広がりを見せている。

「あんじゃね支援学校」の議論は、小学生対象の「あんじゃね自然学校」だけではなく、保育園児や中学生の活動を生み出した。小学生の活動を中学生が支える。それを村の若者や古老が支え、そして幼児の活動も支え始めた。子どもは異年齢の人びととの関わりをつくりながら育つのだ。それは、もともとこの村で子どもが育ってきた環境だ。

村のなかのさまざまな機関が手をつなぎ、村の教育が動き出そうとしている。

中学生は「体験」活動より「貢献」活動。それを支える支援学校

魂の言葉「貧すれど貪せず」

「貧すれど貪せず」。どんなに物がなく生活が苦しくても、心だけは清らかで豊かでありたいという意味の言葉だ。これは泰阜村が大切にしてきた魂の言葉でもある。

1930年、世界恐慌の不景気が日本を襲った。特に田舎の暮らしは苦しく、泰阜村でも学校を休んだり、学校へ弁当を持ってこられない子どもも出てくるほど、農民の生活は窮乏していた。泰阜村の財政もまたきびしかった。そのため村から教員に対して、給料の1割を村に寄付してほしいと、要望が出された。しかし当時の吉川宗一校長は、

「お金を出すのはやぶさかではないが、給料の一部寄付をもってしても、それは学校費補塡のごく少部分に過ぎない。むしろそのお金をもって将来の教育振興に役立てるべきである」

そのお金を貯めて、絵や彫刻、書などの美術作品を買い、「将来、村をしょって立つ子どもたちの夢や愛を豊かに膨らませてやることが大事だ」と考えたという。

驚くことにこの考えは村人のほとんどから賛同を得られ、その後の学校美術館の建立につながっていく。この建立精神こそ「貧すれど貪せず」という言葉に刻まれている。

お金も食べ物もなく、どれだけ苦しいことだっただろう。当時の村の人びとは絶望を学んでしまうようなまさしく崖っぷちに追い込まれていたと思う。しかし、彼らにとっては今の飢えをしのぐことよりも、未来を担う子どもの情操教育にお金をかけることのほうが大事だったのだ。

最も苦しいときにこそ、最も大事なことに力とお金を注ぐ。この村は、地域住民によって地域の教育をつくり上げる教育尊重の気風がある。「あんじゃね支援学校」の議論を通して、きびしい状況におかれている今の泰阜村であればこそ「教育に力を入れるべきだ」という機運が再び高まってきていることを感じる。

体験活動の質を上げるために、「あんじゃね支援学校」というかたちで多くの村人が力をあわせるようになった。いまや、アマゴが泳ぐ川にも、炭を焼く里山にも、野菜が育つ畑にも、子どもの声が少しずつ戻ってきた。それはまさに、村の教育力が村人の手によって取り戻されていくかのようだ。

教育を自分たちの手に取り戻そうとする小さな動きから、本質的な教育改革が始まるのではないか。そう確信できるくらいに「あんじゃね支援学

旧学校美術館。この建物も、全村民がお金と労力を持ち寄って建設された

校」の議論や意見交換はおもしろい。泰阜村のような小さな村だからこそこのような場を設けることができると信じている。私は教員ではない。されど、一人の教育者だという自負がある。「あんじゃね支援学校」は、教育者冥利に尽きる活動だ。

「限界集落」なんて言わせねえ

「この村では『限界集落』なんて言わせねえ」

木下藤恒さんが吠えた。生まれ変わったら教師になりたいと言った、あの木下さんだ。

「生涯この集落で元気で過ごすということだもんで、わしゃ、さしずめ『生涯現役集落』と言いなおすかな」

「限界集落」という言葉を使う学者をギロリと睨みつけるその目には迫力が漂う。それには理由がある。

1962年、泰阜村で最後に電気が通ったという最奥の集落「栃城」。その栃城にまだ道路すら通らない1956年当時、10キロメートル離れた中学校から山道を帰ってきた中学3年生の木下さんと友人は、栃城の将来について大喧嘩したそうだ。友人は「この栃城は将来がないから出ていく」と言った。木下さんは「俺は、ここで生まれ育ったから、ここでがんばりたい」。栃城の家まで議論は平行線だったという。

「百姓の子は百姓を」と通信教育で高校・大学で学ぶことを父親から強く止められ失意のどん

底にいた木下さんは、それならばと栃城集落の人びとが生活できる基盤をつくろうと決意した。しかし現実は、10年ほど炭焼き、蚕、土方作業、建築手伝いを転々として、基盤をつくるにはほど遠い状況だった。

そして1973年、村行政の慎重意見を押し切り、電気や道が通らないほど狭い谷という過酷な自然環境を逆手にとり、栃城集落全戸（当時6戸）が組合員となって（山林を担保にして）、当時のお金で1200万円の借金をして渓流魚養殖漁業を始めた。まさに命懸けの集落復興の取り組みの始まりだった。

「将来がないから出ていく」と言っていた栃城集落の住民（現在5戸）は、養殖漁業により地域に密着した仕事に年間を通して従事できるようになった。養殖漁業により生み出された利益の一部は、集落の公共施設の改善に充てられた。さらには、村の中心部から栃城集落へ続く未舗装道路が、アマゴの運搬のために全線舗装されるなど、へき地の環境を逆手にとった事業が栃城集落を奇跡的に持続可能にさせてきている。

この不屈の精神を持つ集落のことを、どうして「限界集落」と言えようか。

「東京よりも泰阜村の中心部よりもここ栃城がいいと心底思う。集落が自立する姿を身体を張って見せなければならんのだ。そうしてやっと泰阜村も合併せずに自立できる」

そう固く信じてきた木下さんは、林野庁が主催する「山村力コンクール」で2008年、銀メダル相当の「全国山村振興連盟会長賞」を受賞した。謙遜しながらも「次は金メダルだな」と密かに闘志を燃やす木下さんは、不遇な境遇を余儀なくされながらも生き抜いてきた「泰阜村の申し子」のようにも映る。

「山村は過疎高齢化がすすみ、今まさに息切れしてあえいでいる。だけどな、山村が本来もつ魅力を引き出す努力を、わしゃ最後まで貫きてえ」

木下さんの言葉は、集落の人びとが持つ不屈の精神、鍛え抜かれて結集された叡智など、失ってはならない大事なものを次世代に伝えなければならない、という本能的な叫びでもある。

「あんじゃね支援学校」の三代目座長には、木下さんになっていただいた。１９９９年に出会ってから12年がたつ。ようやく木下さんといっしょに、村の子どもの未来について行動を起こすことができる。

マツコの視点 その2 風土と倫理

学校でよく見られる「持ち物検査」が「子ども権利条約に違反している」といわれるのをご存知だろうか。持ち物検査が権利を侵害しているなんて、と一笑したくなるほど「持ち物検査」が当たり前に行なわれている学校もあるのではないだろうか。服装や髪型、果ては下駄箱に靴を後ろ向きに入れることまで規定しなければ、子どもの規律を守れないのだろう。そう思うと「子どもたちが自分でルールを決める」というだいだらぼっちの特殊さが際立つ。

グリーンウッドの実践で特徴的なことは、大人がそれほど権威的でなくても、子どもに強制することがなくても、子どもたちの間で一定の秩序が保たれていることである。なぜだろうか。なぜグリーンウッドの実践はここまで子どもの「好きなように」させておいて、子どもたちがむちゃくちゃをしないのだろうか。

誤解してはならないのは、だいだらぼっちも山賊キャンプも子どもが「好き勝手」しているわけではない。「自由と勝手は違う」というのは、グリーンウッドの一つの教育理念であり、大人は大人としての役割を果たすべく子どもたちと関わりをもつ。だから大人は子どもに対し、だめなものは「だめだ」とはっきり言う。これは、他の教育現場と同じであるように思う。

しかし、「だめだ」と禁止されても、それを破ってしまうのも子どもというものだ。そうなると、大人はさらに禁止や管理をきびしくせざるを得なくなる。その結果が、常習的な「持ち物検査」の誕生なのではないだろうか。

ところが、グリーンウッドではそうはならない。過剰な管理をしなくても一定の規範が保たれている。私はそれこそが、山村の教育力であり泰阜村の地域の力によるものだと考えている。

たとえば、子どもたちがあんじゃねの森で野営をすることになった。村の方が、熊の話を聞かせてくれた。その話は、肝試し前の怖い話しというリクエストもあったので、逃げても追いかけてくる熊の恐ろしさが存分に味わえる内容だった。その話の後で、「森のなかで熊に襲われないためには、夜一人で行動しないことだ」と村の方は付け加えた。

どんなにやんちゃな子どもも、その夜は一人で行動しなかった。トイレに行くときも仲間を呼び連れ立っていく。一人で行動しないこと、というのは夜の森でどのように行動すべきか、という規範性も併せ持つ知識である。これが、子どもたちの「腑に落ちる」のは、子どもたちのいる場所に熊の爪跡や獣の足跡があり、その必要性を子どもが痛烈に感じるからである。この「腑に落ちる」「必然性を持った知」が、山村の教育力の中身の一つなのである。

学校の授業を批判するつもりはないけれども、学校で習うことはたいてい「こんなこと勉強して、いったいいつ使うのかなあ」というものにあふれている。そういえば先生が、「今度のテストに出るから覚えとけよ」などと殺し文句のように言って、そう言われて慌てて黒板の文字をノートに写したこともあった。けれど、よく考えてみれば「今度のテスト」で使う以外、いったいこの知識はいつ使ったのだろうか。

それに比べて山村の暮らしのなかにあるさまざまな知識は、いつ使うのか、なんの役に立つのか、どうしてこのようなことをすべきで、またしてはならないのか、それが良く見える。言い換えれば「腑に落ちる」のである。

たとえば、薪のために山の木を切るのは、春ではなく秋でなければならない。なぜなら春の木は水を吸い上げて腐りやすいからである。秋も深まれば、集落全体で道をつくる共同作業が必須となる。なぜなら、晩秋を過ぎれば落ち葉で道が埋め尽くされてしまうからである。このように、人びとが生活を通して自然と関わり続けてきた農山村の風土は、どのように自然と関わるべきなのかを示す「規範的性格」も持ち合わせているのである。

内山節は、「その風土の中で暮らしていると『そうだよな』と自然に感じられてくるもの」を「風土の諒解」と呼んでいるが、風土に基礎付けられた知や振る舞いの作法を、大人は必要なものとして、ごく当然のように子どもに伝えようと思うだろう。そして、子どもにとっても大人たちが言うことが、風土によってきわめて説得力のある形で諒解されるのである。

グリーンウッドの実践では「腑に落ちる学び」＝「諒解」が泰阜村の風土によって支えられている。辻らの主張において、山村留学施設の風呂焚きと、地域の道路愛護や米づくりの共同作業が同列に位置づけられていることからそれがわかるだろう。辻が自分たちの実践が「泰阜村の風土に支えられている」というのはこのことなのである。

（野田　恵）

（参考文献）内山節『地域の作法から』農山漁村文化協会、２００６年、１７１頁

第5章

若者たちの進路創造

――人間力向上のパワースポット

「何もない村」とかけて、「若者が集まる」と解く。
そのこころは？

1

若者たちはなぜ、泰阜村に向かうのか

教師になる前に泰阜村へ行こう

私がグリーンウッドの門をたたいた1993年当時、その年の山賊キャンプの青年ボランティアはわずか17名だった。それが2010年にはなんと372名と、20倍に増えた。

いくらボランティア活動が盛んになってきているとはいえ、3泊のキャンプ、長いときには12泊のキャンプのボランティアに、20代の若者がこれほど集まるものだろうか。主催している身ながら、いまだに不思議に感じる。ただ、一つ言えるのは、山賊キャンプで子どもたちをサポートするボランティアが、若者の学びや達成感に確実につながっていることである。

若者たちは主に関東圏、中京圏からやってくる。もちろん長野県内からの参加もある。新宿、名古屋から泰阜村行きのチャーターバスにキャンプに参加する子どもたちの引率者として同乗するから、交通費は無料。ボランティアの参加費も必要ない。逆に彼らが手にするお金は、自宅からチャーターバス発着所まで交通費相当としての一律2000円程度のみだ。

3泊4日、東京や名古屋でアルバイトをすれば、4～5万円は稼げるはずだ。にもかかわらず、彼らは無償のボランティアを選択する。それは、自分の身体や経験が社会に役立つことを実感できる喜びとともに、ボランティアによって学び取ったことが、自分のその後の人生に生かすことができるという実感を伴うからに違いない。

獲得した学びを、次の学びへ――

教員になるという明確な目標をもってボランティアに参加する学生は少なくない。声高に提唱したい。教員になる人こそ、山賊キャンプのボランティアに参加すべきだ、と。教員になる前に、教室の外に存在する質の高い学びのサイクルに触れるべきだ。触れれば触れるほど、経験豊かな先生になると確信している。

近年は、自発的にボランティアに参加する学生に触発されてか、大学側からの積極的なアプローチもある。山賊キャンプへのボランティア参加を、正規授業として設定し、単位を付与する大学

自発的にボランティアに参加する若者の学びは深い

が増えているのだ。教育実習、インターン実習、福祉実習、スポーツマネジメント実習など、さまざまだ。大学の正規授業の一部として参加する学生は１００人を数えるようになった。

これが「やすおか教育大学」だ

暮らしの学校「だいだらぼっち」には、子どもだけが留学しているわけではない。若者も年に1〜2名いる。彼らはグリーンウッドが雇用するスタッフではない。インターンシップとして研修を受けるものでもない。

自らの意志で、1年間の学びを享受するために、「だいだらぼっち」で暮らしている。スタッフと同じような活動をするときもある。ときには子どもたちととことんまで話し合う。ときには、子どもや保護者とおなかが痛くなるまで笑う。ときには、人生をかけて子どもと向き合う。村のマナーに違反したときには、村人にきびしく叱られる。

彼らは、いつか教員になりたいという。それならば、と私たちグリーンウッドは、「山賊キャンプのボランティア」という短い期間ではなく、1年間の学びの場を提供した。それが、グリーンウッドの「教員養成プロジェクト」だ。教員を目指す若者が、「だいだらぼっち」の子どもたちといっしょに暮らしながら、教員に必要なものを丁寧に学んでいくのだ。

費用は1年間で45万円。食費、住居費、光熱費、生活に関わる家電（洗濯機、掃除機など）の使用料、保険料が含まれる。もちろん指導料もだ。

２００８年度開始から現在まで、プロジェクトに参加した5人（一人は参加中）は、大学を休学して参加した者が2名、大学卒業後に参加した者が1名、現役教員や企業を辞して参加した者が2名である。

民間団体、それもＮＰＯが、教員養成？　生意気に聞こえるかもしれない。でも私はまったくひるんでいない。いったいいつから学校だけが教育を施す場になったのか。しかもその教員を、いつから大学だけが養成するようになったのか。その限界は、現在の教育現場をみれば明らかだ。教育は、決して学校だけにあるのではなく、子どもの未来を考え抜こうとする気概のある「そこかしこ」に存在できる可能性を持っている。それが地域であり、家庭であり、学校でもある。そして、教員もまた学校のなかだけに存在するものではない。子どもの未来を考え抜こうとする大人はみな良質な教員だ。私から言わせれば、教員養成を大学だけが行なうことこそ、すでに時代遅れだ。

民間団体やＮＰＯが教員を育成し、その教員が公立学校で教鞭をふるう。よいではないか。こういった柔軟な実践が、時代を変えていくのだ。旅立った4人のうち、1名は小学校の教員として活躍している。2名は現在グリーンウッドのスタッフだ。残り1名は、大学在学中で教員採用試験に合格した。

1年間の教員養成プロジェクト。それは、「やすおか教育大学」ともいうべきものだ。このプロジェクトを経た若者が、子どもたちの新しい教育の場を切り拓いてくれることを願いたい。

・教育実習生の声・私、教師になりました

水田翠《みどり》（24歳）　小学校教諭　兵庫県芦屋市在住　2009年教員養成プロジェクト参加者

「だいだらぼっち」は、「人間の持つ力を信じてくれる、いのちを平等に見る優しいまなざしが集まっているところ」です。信じてもらうことで、持てる力を存分に発揮し、限りなく伸びていく子どもの姿を、私はここで目の当たりにしました。

同じように、私自身も、ここでそうして育てて頂いたと感じます。私は、大学で初等教育を専攻した後、グリーンウッドのプロジェクトに教育実習生として参加しました。そのなかで、子どもの大事な場面に向き合い話をしたり、団体の大切な仕事を任せてもらったり、挑戦できるチャンスを本当にたくさん頂きました。また、自分たちの手で「暮らし」をつくり、生きることの根幹を見つめたことで、たくさんの人に支えられ生きていることへの感謝を身にしみて感じるようになりました。周囲に対する感謝、「大人も子どももどんな人も、不完全で、失敗から学びながらいっしょに成長していく仲間だ」という想い、「何事も自分次第」だという経験が、今、自分の信念となっています。

現在は兵庫県の都市部の小学校で2年生29名の学級担任をしています。教師としてゼロからのスタートを切り、うまくいかず、先も見えないことも多いです。そのときに、「苦しさ

も全部抱えながら進んでいけば、きっと何か見えるときがくる」と信じられるのは、日々のなかでさまざまな苦しさを抱えながら、それでも夢や自分の信じるものに向かって一生懸命生きる「だいだらぼっち」の人たちの姿が、私のなかにあるからです。

生きていくうえでの心の軸や感性を育んでもらった「だいだらぼっち」は、私にとって、ずっとかけがえのない場所です。

自律志向のスタッフたち

2000年あたりから実に多くの若者が、グリーンウッドの門をたたくようになった。

私は新たな若者の挑戦を喜んだ。1993年に私が泰阜村に来て以来、私の部下は一人もなく、自分の責任ばかりが肥大していた。その責任が、「自分を成長させてくれた」と今でこそ「買いたくても買えない貴重な経験」と感謝できるが、当時はそんなことが考えようもないほど苦しかった。

ここ10年、グリーンウッドに、若者を雇ったり学ばせたりできる体力がついてきたのだ。

彼らは最初、雇用関係を結ばない研修生として飛び込んでくる。職員なみの体験をしながら1年間学んでもらい、お互いがよければ翌年度に正職員となる仕組みだ。どんな若者が飛び込んできたかというと……。

前に勤めていた自然学校を辞して来た者、大学で学んだ理論だけの環境教育に実践を伴わせたいと飛び込んだ者、大手企業で出世が約束された道を蹴って来た者、都市部の企業論理に嫌気がさして来た者、保育園を辞めて来た者、現役教員を辞めて来た者、大学を卒業して来た者、山小屋生活から転職して来た者、海外青年協力隊を経て来た者など、実にさまざまだ。

不思議でならない。なぜ若者がここに集まってくるのか。大学を卒業してさあ就職というときに、グリーンウッドでなくてもよいだろうと思う。もっと将来性のある会社、あるいは堅実な公務員がよいのではないか。

企業を辞めて来るというが、給料の額が数分の1になってしまった者もいる。そこまでしてグリーンウッドに来ることもないだろうに。

アウトローのまま、グリーンウッドに来るというが、それならばもっとましな場があるのではないか。グリーンウッドではいつまでもアウトローだろうと考えたりもする。

私は、彼らの人生を誤らせてしまうのではないかと、常に責任を感じている。

だが、それは杞憂だった。彼らは明確に、グリーンウッドに何かを求めてきている。自らの自己実現を、そして自己実現を通した社会貢献を、しっかりと考えているのだ。

企業を辞めてグリーンウッドに就職した佐野薫子《かおるこ》（26歳）は、「日本の未来をより良いものにしたい」という思いから、「子どもたちに対する良質な教育」活動に携わりたいと門をたたいてきた。ここで学んだことを社会に還元し、「社会的に弱い立場の人たちを教育活動で支援していきたい」と言う。

大学生時代に「山賊キャンプ」のボランティアとして参加し、子どもが主体になることによる学びの大きさに魅せられてグリーンウッドに就職した佐藤乃予《のりよ》(27歳)は「多くの子どもが自然のなかで体験でき、新たな発見やチャレンジをするきっかけを提供したい」とはっきり言う。

企業の海外勤務から一転、「時代や環境に安易に流されず、自分の価値観を築き行動するための教育ができるのでは」と思ってグリーンウッドに就職した齋藤晴子(32歳)は、「地域とともに発展していく活動のあり方を実践し、農山村の暮らしにある知恵を教育に活かしていくための仕組みづくりにもチャレンジしていきたい」と強く主張する。

2001年9月11日のアメリカ同時多発テロが契機で出版関係の会社を辞めた齋藤新《しん》(37歳)は、「世界平和を足元から支えるものに携わろう」と、子どもの教育と自然をキーワードにできる仕事を探してグリーンウッドに就職した。「知らない誰かにしたあいさつが、その人を幸福にすることもあれば、ひどく責めた一言がまた違うだれかを傷つけてしまうこともある。ならばひとつひとつの積み重ねの答えが平和になるような活動を続けていきたい」と、今は事務局長として団体運営を一手に取り仕切る。

アジアを渡り歩くなかで直面した「人を殺す教育」が頭から離れず、大企業を辞めた佐藤陽平(34歳)は、自分の好きな「自然」のなかで自分の求める「教育」活動を実践するグリーンウッ

泰阜村に飛び込んできたスタッフとその家族。
のべ 30 人が村に定住した

2006.3.18

ドへ就職した。「学歴主義、経済主義、格差社会など政治にも関わる課題は山積だが、足元の人たちと協力し、ひとつひとつ乗り越えて、イノベーションに結びつけ、子ども、大人も希望のある社会にしていきたい」と、グリーンウッドのノウハウが日本の課題解決に役立つための戦略を切り拓いている。

21世紀に入ってからグリーンウッドに参画した新しいスタッフの価値観とみなぎるパワーには驚くばかりだ。もちろん創成期のスタッフの教育観と共通するところは多い。創世期のスタッフがきびしい状況のなかにあっても守り抜いてきた理念や価値観が、若きスタッフの価値観に触れて質的に深化していくことを肌で感じる。それはまるで、新たなグリーンウッドの文化が生みだされていくかのようだ。

仲間である他のスタッフの協力や支え合い、泰阜村の村人の理解や信頼を吸収して、彼らの自己実現が達成されていく。周囲への感謝、周囲との連携を大事にしつつ、自己実現を図ろうとする「自律」志向の強い若者が集まってきた。

グリーンウッド、いや泰阜村はある意味、若者のパワースポットなのかもしれない。

炎のメッセージ⑪　子どもには素敵な大人が必要だ

「教えるとは、未来（希望）を共に語ること」

フランスの詩人、ルイ・アラゴンは、1943年のナチスによる大学虐殺の際に言った。青年への虐殺が繰り返される絶望的な状況に陥ってもなお、命を掛けて未来を切り拓こうとする姿勢こそ「教える」ことの本質だ、ということの言葉は、現代の我々に教育の本質を強烈に突きつける。

「貧すれど貪せず（貧しいけれども、心は貪しない）」。昭和初期の世界大恐慌の最中に生まれた泰阜村の魂の言葉だ。最もきびしいときにこそ、子どもの未来にお金も気持ちも注ぐべき、という気風は、今なお泰阜村に暮らす人びとに脈々と受け継がれている。

命を懸けて、すべてを懸けて、子どもに未来を示す。それが「教育」の本質だと。フランスでも信州の山奥でも、昔の人はかくも壮絶な想いで教育を捉えていたのかと絶句する。

泰阜村に「育てる」という意味の「ひとねる」という方言がある。子どもが「育つ」ことを「ひとなる」ともいう。人に成る、人間になるということだ。

一人前になるためには、未来をともに語る命懸けの気概を持った素敵な大人が必要なのだ。

泰阜村の一員として

2007年1月。泰阜村でグリーンウッドのスタッフ同士が結婚した。齋藤新《しん》と中平（旧姓）晴子の二人だ。二人は「手づくりの結婚式、披露宴にしたい」といい、不肖ながら私が二人を祝う実行委員会の委員長となって手伝いをした。

「だいだらぼっち」の母屋で行なわれた式は、ハプニングもあったが心あたたまる式だった。披露宴には、村長や地元集落の区長などをはじめ、村の子どもたちとその保護者も参加した。

「この夫妻が定住できるよう、新しい住宅をつくります」

その席上、スピーチで泰阜村の松島村長がそう宣言したものだから、喜んだのは二人の親戚一同だった。

残念ながらグリーンウッドが支払える給料は多

松島村長が齋藤夫妻を激励。今日から泰阜村の一員としての暮らしが始まる

くない。二人はすでに30代。彼らがこれから所帯を持つことを考えると、経営陣として恥ずかしながら責任を感じていた。それでも二人はグリーンウッドで働き続け、泰阜村に定住するという。この村で、この職場環境で子育てをしたいという。これは本当にうれしいことだ。

「働く場があれば、泰阜村に帰る」と、泰阜村の出身者はよく言う。へき地山村の一番の問題は働く場がないことだ。なかでも若者が働く場というのは皆無に等しい。

グリーンウッドは給料こそ少ないがやりがいは多い、そういって二人は働き続けてくれている。この夫婦の誕生で、グリーンウッドのスタッフ・仲間での所帯持ちは5家族目になった。

「いつか村から出ていくだろう」

村人にそう思われているうちは、なかなか心を開いてくれない。もちろん地域の責任ある役割も任せてもらえない。しかし、所帯を持つようになると、独身だったころとは違う村のおつきあいが格段に増える。地域の役職も次々と任せられるようになる。

齋藤夫婦は、それまでの4家族がいかに自分の知らないところで地域との関係性をつくってきたかを知ることになる。グリーンウッドのスタッフとして努力してきた二人が、今度は泰阜の村人として名実ともに泰阜村のために努力していく覚悟を求められる瞬間だ。

結婚して家庭を持ち、泰阜村で働き続けるということは、覚悟を決めるということだ。村人はヨソモノの覚悟を常に見抜く。二人が覚悟を示すからこそ、泰阜村の一員としての生活も始まる。

ここでは、グリーンウッドのスタッフからのコメントを紹介したい。いずれも若くしてグリーンウッドの門を叩いた者たちである。

・スタッフの声・俺たちの青春群像

井野春香（23歳）短期事業部主任　熊本県阿蘇市出身　キャンプネームはノッティ

私がグリーンウッドで働くきっかけをつくったのは、「鹿」と「猟師さん」との出会いです。

小学生から高校生までは、野生動物保護官（レンジャー）になることが夢で、より野生動物を含めた動物全般のことを知りたくて、農業高校畜産学科へ進学しました。日本鹿の子どもを育てるなかで、日本の鹿がどのような立場にあるのかを知りました。人間が自然とうまく共存できず、鹿は個体数を増やし、有害鳥獣として駆除され、命をコントロールされている現状を知り、疑問を感じ、鹿とフィールドの研究をしている大学へ進学しました。そして猟師さんと初めて出会ったのです。

有害鳥獣駆除の時期には毎週のように猟師さんから鹿のさばき方を教えてもらったりするなかで、有害鳥獣問題の深刻さと難しさをひしひしと感じました。それとともに、世間のなかで、有害鳥獣問題はほんの表面しか知られていないことや猟師という職業に対する偏見もまだまだあることを痛感しました。「知らないこと」は、よくも悪くも大きな影響を与えます。鹿と出会い、猟師さんと出会い、自分の世界観が変わりました。

「もっと多くの人たちに私が知ったことを知ってもらいたい」「間違った先入観に囚われないでほしい」と思うようになり、私はグリーンウッドと出会いました。スタッフのキラキラとした目と、前向きな熱意、そして、私の目指す「自然と人とが調和する世界、共生していける世界」と同じ方向性を持つ理念に共感しました。レンジャーになるよりも、泰阜村でいっしょに頑張っていきたいと思いました。

泰阜村に来てから、凄腕の猟師、畑野今朝登さんとの出会いがありました。地域に根ざし、自然とうまく付き合いながら、自然のサイクルのなかで生きている畑野さんに感銘を受けました。ここに来てから、畑野さんに鹿やイノシシを頂くことがあります。

スーパーに行けば、処理された肉があるような便利な世の中で、自分自身でさばき「命」を頂く姿を子どもたちに知ってもらうことで、子どもたちが「命」を考えるきっかけをつくっていこうと思っています。そして、私も猟師になり、地元猟師さんからたくさんのことを教えていただきながら、次世代につながるものを残せるよう頑張っていきたいと思います。

池田龍介（26歳）　短期事業部長　鹿児島県与論町出身　キャンプネームはパン

私がグリーンウッドへ来たのは、ここで働く〝人に魅かれた〟ことが一番の動機です。

2007年度の冬、初めて泰阜村に足を踏み入れ、グリーンウッドの事業・理念について直接肌で触れました。そこで強く感じたことは、「ここにいる人は大きな使命感・夢をもって働いている！」ということです。事業内容以上に、将来のビジョンを語るスタッフの姿、眼差しに私は強烈に魅かれました。

縁あって、2008年度からグリーンウッドに勤務し、現在は、山賊キャンプやあんじゃね自然学校など、全国や泰阜村内の青少年を対象とした短期の自然体験教育事業、保護者や学生・社会人を対象とした安全教育事業などの責任者を担っています。また、一村人として、地元消防団や猟友会の活動を通じた地域貢献にも力を入れています。

ここでは、仕事だけではなく、村人としての暮らしも大きな学びを与えてくれます。グリーンウッドでは「苦労や困難が人を成長させる」ということを皆が理解し、そのことを体現しています。ここでは事業運営におけるさまざまな課題・困難を乗り越えるチャンスが個々人に与えられ、「だいだらぼっち」で暮らす子どもたち同様、自律的に動く場が存在します。また、泰阜村における「道路愛護」や水路掃除、雪かきに代表される〝結〟の精神は、じりつ（自立・自律）と地域の協働の在り方について深く考える契機を与えてくれます。

今後の展望としては、「家庭・学校・地域が協働して行なう教育の実現」を目指しています。それぞれが相手に責任を押し付ける風潮が目立っている現代社会において、実際にそれを本質的に実現しているところはきわめて少ないのが現状です。グリーンウッドの事業、泰阜村での暮らしのなかには、その実現のヒントが存在しています。日々の暮らしから得られる学びと、地域の方との関わりを通じて、この実現を志しています。

西尾奈央美（33歳）　長期事業部主任　愛知県名古屋市出身　キャンプネームはナオミチ

同朋大学で社会福祉、保育学を学んだ後、名古屋市内の保育園に5年間勤務しました。たくさんの個性と向き合う保育のなかで「人が生き生きと育つために大切なことは何か」を考えた日々がありました。生きる原点である暮らしを見つめたいと思い、グリーンウッドに就職しました。

泰阜村という土地のもつ魅力やきびしさを学ばせてもらいながら、現在は、「だいだらぼっち」の子どもたちの暮らしづくりをサポートしています。子どもたちとつくる1年間は、どんな形であれ子どもたちが頭をかかえながら、喧嘩も繰り返しながら自分の力を目いっぱい使って積み重ねた日々の集まりです。成功も失敗もすべてが生きる喜びになるような生き方そのものをみてきたように思います。

子どもたちに起こるたくさんの困難も悪いことばかりではなく、自分たちに問いかけられた何かだと気づくチャンスだと考えれば、「あってよかった」ことです。逆に、そこを乗り越えられなければそこから先のチャレンジは諦められ、自信を育てることもできないでしょう。そんな子どもたちにどう寄り添っていくのかが、今の私の大きなチャレンジであり、泰阜村の歴史から学ぶものでもあります。

7年かけてようやく自分のやるべきことが見えてきました。それは自分一人で何かをするということではなく、地域のみなさんや、関わってくださるみなさんとともに歩き、つくっていくことです。それぞれの人生を豊かに楽しめる場ややりがいを「だいだらぼっち」を通してつくっていきたいと考えています。

村上忠明（46歳）　特別代表　愛知県愛西市出身　キャンプネームはムサシ

私がはじめて泰阜村に来たのは今から27年前、19歳の頃でした。社会福祉学部に在籍し子どもに興味があったので、当時泰阜村でキャンプを開催していた団体のボランティアスタッフになりました。そのキャンプで、子ども、仲間、自分との新たな出会いに感動し、以来ずっとキャンプに関わることになりました。

大学卒業と同時に泰阜村へ移住し、その団体の契約スタッフとして働き始めました。山村留学のスタッフになり、カニ（梶）、ギック（大越）とともに心底おもしろく、そして波乱万丈の日々を送ることになりました。行政・議会・学校そして村人。世間を知らない私は随分悩み、失敗し、痛い目にもあわされました。しかし、それ以上に可愛がってもらいましたし、そして助けてもらいました。

やがてカニさんといっしょに団体を退職。現在のグリーンウッドの前身となる新しい団体を立ち上げました。思わず笑ってしまうほど貧乏で、その頃はおんぼろトラックを走らせて解体中の古家から畳やふすま、家財道具なんかをもらい集めて暮らしていました。今と変わらず、でたらめで、真剣で、希望が溢れてとにかく楽しかったのです。

泰阜村・グリーンウッドで私は自己の原点、すなわち「日韓国際児」として生きてきた私のアイデンティティ・原点を確立できました。泰阜村・グリーンウッドは「主体形成」の胎盤となってくれたのです。それは、何万人という子どもや青年たちとキャンプ生活を経験し、泰阜村の人びとや職場の仲間たちと大自然のきびしさと豊かさのなかでともに生活するなかで、「ないことの豊かさ」「互恵」「違いの豊かさ」「絶対個性」「開拓精神」など、自己存在の絶対的価値というものを獲得できたということです。いろんな存在、いろんな考え、いろんなやり方、いろんな表現があっていい。広大な世界の彩りのなかに、小さな私も元気に輝いている、それを学ぶことができました。

私は今、グリーンウッドの多文化共生・平和教育担当として活動しています。四半世紀かけて磨き上げてきた「違いは豊かさ」という基本理念を平和教育と結び付けて展開するための団体「NPO法人子どもたちのアジア連合」も設立し、アジア地域の国際キャンプや在日外国人の支援活動などに取り組んでいます。

グリーンウッドの活動にとって「平和」「自立」「共生」は鍵の概念となります。多文化共生・平和教育を推し進めながら、「だいだらぼっち」や「山賊キャンプ」など諸活動にも還元していきたい。この10年は、北東アジア6カ国（日本、韓国・朝鮮、中国、モンゴル、ロシア）の子どもたちが参加する多国籍キャンプ「Kids'Asian Union Camp」を各国の仲間と連携して開催してきましたが、今年度から、「地域に根ざした国際化」を推し進めるために在日外国人が同じ市民として暮らしていける「あたりまえの国際社会」を構築するため動いていきたいと考えています。これらの活動に若者をどんどん参加させていく仕掛けづくりを鋭意検討中です。

2　「だいだらぼっち」の卒業生たち

彼らには際立つ特徴がある

1986年から始まった暮らしの学校「だいだらぼっち」。その卒業生はのべ400人を超えた。一番年上は、40になろうかという歳だ。

「卒業した子どもたちは、その後どんな人生を送っているのですか」

講演で「だいだらぼっち」の話をすると、決まって一番多くとんでくる質問だ。だいたいの人はどうやら「どんな子どもが来るのか」「都会に帰ってからどうなるのか」を知りたいらしい。

小学生あるいは中学生時代に、親元を離れて、不便な暮らしを1年間もするのだ。そんな1年間を過ごした子どもがその後どうなるのか、ということに興味を抱くな、と言うほうが無理がある。

「普通ですよ」

私は決まってそう答えることにしている。事実だからしょうがない。1年間そんな暮らしをしていたからといって、同年代の若者と比べてとりたてて特別な人生を送っているわけではない。

旅行会社に勤める者、外国に移住した者、農業を志す者、親の後を継いでクリーニング屋を営む者、マスコミに就職した者、弁護士を狙う者、教員になった者、芸術で飯を食おうと思う者、レストランを開業した者、電車の運転手をやる者……。都市部の学校を卒業した若者の進路と変わらない。いたって普通だ。

しかし、彼らに共通する際立つ特徴がある。それは、進路を「自分で決めた」ということだ。

２００９年に、卒業生を対象としたライフストーリー研究を実施し、聞き取り調査をした。これは卒業してからの人生の歩みや山村留学での想い・エピソードなどを、インタビュー形式で直接語ってもらう。アンケートのように数値化するのではなく、一人一人の経験を掘り下げる質的調査である。

卒業後どうなるのか、と問われて、「20年くらいたたないとそんなことわからないですよ」と答えていた時代もあったが、「だいだらぼっち」が始まって25年たってしまった。追跡調査を行ない、留学の教育的意義を明らかにしたい、という想いもあった。

ライフストーリー研究では、彼らが1年間の留学を終え、自分の家に戻って都市生活を始めるにあたり、さまざまな苦労があったことが語られた。彼らは、明らかに都市部の同年代の子どもとは異なる生活体験をしているし、異なる協調能力を持っている。それが周りとうまくやっていく足かせとなったときもあったようだ。きっと悩んだに違いない。

しかし、年齢を重ねるにつれ、その異なる生活体験や協調能力が、逆に自らの存在感を高めていったようだ。そのなかで、高校卒業を迎えてどんな進路に向かうのか、就職する時期を迎えてどんな仕事に就くのか、パートナーを見つけて結婚するのかどうか、どんな家庭を築こうとするのか……。

そんな人生の岐路に立ったとき、彼らは他人任せにはせず、確かに自分で決めている。「だいだらぼっち」は、子どもの参画と自己決定を重要視した暮らしをしている。世間では、自分の暮らしに参画できない子どもが増えて、暮らしが壊れた。同じことは人生にもいえる。

自分の人生に参画せず、自分で人生を決められないのでは、自分の人生は壊れる。卒業生たちはどのような進路に進もうが、自分の手に自分の人生を握っているのだ。何をしたらよいかわからない、人と関わるのがこわい、自分の夢はとくにない、という若者が増え続けるなかで、なんともたのもしいではないか。

卒業生の人生はいろいろだ。そして間違いなくいえるのは、豊かな人生を送っている、ということだ。自分の人生を自分で決めて、謳歌しているのだから。

第二のふるさとの意味

卒業生は全国、そして世界中に旅立っている。その際「行ってきます！」と言って、泰阜村を出て行く。たまに村を訪れるときは「行ってきました」と帰ってくる。村人もまた「行ってらっしゃい」と送り出し、「お帰り」と迎える。

この村は、成人式に「だいだらぼっち」の卒業生を招待してくれる。これは本当にすばらしいことだ。泰阜村の成人式は、成人となろうとしている青年が今そこに住民票があるかないか、という基準で執り行なわれる成人式ではないということがわかる。「だいだらぼっち」の土台である泰阜村は、まさに卒業生にとっての第二のふるさとだ。

しかし、それは頻繁に帰る場所であり、ましてや定住する場所であるということを意味しない。前述のライフストーリー研究で、卒業後20年以上たつ二人の卒業生が、第二のふるさととしての泰阜村やだいだらぼっちを語る。

「卒業してから、いっしょに暮らした仲間たちとのつながりはほとんどありません。本当の家族と同じで、用がなければ連絡はとらない、という感じでしょうか。だいだらぼっちに来たときくらいにしかまず会う機会がないのですが、会うと『めっちゃ時間経って

成人式のため村に帰ってきた卒業生は、真っ先に梶にあいさつする

ても、会うと全然変わらんね』という感覚です」

1986年、「だいだらぼっち」最初の4人のうちの一人であるエガワは言う。翌年1987年に参加したナオミも次のように語る。

「たとえば、5年ぶりに日本に帰ってきたら顔を見せたいという場所かなあ。そこにしがみついているわけじゃないけれど、帰って顔を見せて私は元気ですよ、私は今こういうことをしてるよって報告したい場所。そういう第二のふるさとのようなところです」

創始者の梶が「いつでも帰れる場所であるが、帰ってくるかどうか、また卒業してからの関わり方はそれぞれの関わりでいい」と言えば、梶とともに創成期をつくりあげた村上も「(だいだらぼっちで得たものは)人生を切り拓く土台であり、これをどのように生かすかは自分次第だ」と言う。

そうなのだ。第二のふるさとは必ずしも頻繁な交流を意味しない。その場所への訪問回数とその場所との関係の深さは比例しない。そして大胆にいえば、第二のふるさとは必ずしも場所をも意味しない。

頻繁に帰ってくる者もいる。まったく帰ってこない者もいる。結婚をしたときだけ顔を見せた者もいる。悩むとすぐ帰ってくる者もいる。出番があると帰ってくる者もいる。

どの卒業生にとっても、「だいだらぼっち」は彼らの人生のなかに確かに位置づいている。私は卒業という言葉をあまり使わない。1年間で「だいだらぼっち」を卒業するのではない。卒業生の「だいだらぼっち」は、泰阜村を去ったときから始まるのだ。長い人生のなかに、彼らがつくる「だいだらぼっち」がある。

その後の「だいだらぼっち」

「だいだらぼっち」の生活は思い通りにならないことの連続でしんどいことばかりだ。それでも過ごしてしまえば、そのしんどさも楽しさとして思い出に残る。彼らが本当に試されるのは、「だいだらぼっち」からホームグラウンドである自分の家に帰ってからだ。

ライフストーリー研究では興味深い結果が明らかになった。それは、「だいだらぼっち」の経験は卒業してすぐ生きるというよりは、むしろ年月が経つほど、そしてさまざまな人生経験を経るほど生きてくるというものだ。つまり、効果の「遅発性」「潜在性」が認められたのだ。

ここでは、3人の卒業生からコメントをもらった。それを紹介することを通して、彼らのその後の「だいだらぼっち」、そして時間が経てば経つほど、じわじわと発揮される「だいだらぼっち」の効果を紹介したい。

・卒業生の声・ 山村から未来へ翔びたつ

神谷吾一（34歳） 飲食店経営 愛知県名古屋市在住 1986年から2年間参加 キャンプネームはゴイチ

私は「だいだらぼっち」の第1期生として参加しました。まだ子ども4人、相談員（スタッフ）3人という家族のようなスタートでした。私が入る泰阜南小の4年生のクラスは、女子6人、男子1人でしたので、最初はいろいろ戸惑いました。

泰阜村の人たちもどういった子どもが来るのか、問題児が来るのか、不安もあったと思います。ですが、最初に借りた民家「中垣外《なかがいと》」の近所の人や学校の先生、同級生を始めとする泰阜村の子どもたちなど本当によくしてくださいました。

私は5年生の終わりに名古屋へ戻りましたが、終業式のときはみんなの前で泣いてしまったことを今でも覚えています。学校生活であんなに泣いたのは最初で最後だと思います。

それくらい私にとって泰阜村で過ごした2年間は、その時間以上に濃密で第二の故郷と呼べるとても大切な場所になりました。

現在、私は名古屋で小さなフレンチのお惣菜屋さんをしています。昨年（2010年9月）オープンしたばかりです。オープンするにあたりどうしても泰阜村の食材を使いたいと思いました。泰阜村の生産者さんの元を訪れたとき、雪が降ろうが年中半袖短パンで過ごしていた自分をおぼえていた方もいてとても嬉しく思いました。
泰阜村には、美味しい野菜やフレンチで「ジビエ」と呼ばれる野生の鹿、イノシシなどの素晴しい食材がたくさんあります。自分が食材を使うことで地域活性につながるかもしれません。そしてなにより、泰阜村での生活が、自分に命（野菜・動物）を食べることの大切さを教えてくれました。
今の自分をつくってくれた泰阜村に恩返しをしていきたいと思います。

野澤穂多香（31歳）　作業療法士　山梨県北杜市在住　1990年から2年間参加　キャンプネームはホダカ

自分が3児の親の立場になってみて考えると、参加させてくれた両親の勇気はたいしたものだったなと思います。そのおかげで、貴重な体験ができました。今年で「だいだらぼっち」を出て20年になります。けれど、両親もそこでの出会い、考え方、体験を通して生き方を変えていました。

参加する前は、東京都葛飾区在住で、父はサラリーマン、母は区の保健師でしたが、私が参加している2年間で、父は脱サラを決意。山梨県北杜市で新規就農、有機無農薬で野菜をつくり始めました。母は過疎の長野県川上村に勤める保健師となりました。団地の生活から一転、庭と納屋がある民家への引っ越し。鶏を飼い卵を採りました。父は何とかその生活を軌道にのせていました。

母も子どもの見方が変わったと、後から話してくれました。自分にとって当たり前に感じていた、子どもの行動や成果、そのプロセスを前よりもよく見るようになったといいます。

今思うと両親は「だいだらぼっち」で地に足をつけた生活の実現をみたのかな、と思います。目に見える形でつくられたものを食す、使うこと、そのことの豊かさと安心。そうしようと努力すること、工夫すること。そのことの楽しさ。そして今現在の私たち家族に、その環境を残してくれました。

私の職業にも影響があったと思います。漠然と医療従事者になり人の役に立つ仕事がしたいと考えていましたが、作業を通じて治療を行なうという作業療法士になりました。作業の持つ特性や楽しさ、それを体で学んだのは、「だいだらぼっち」でした。生活のなかのあらゆる動作や段取りの意味、道具。今はあまりすることがないけど、薪割りや風呂焚き、つくった登り窯で焼きものを焼くこと、それを仲間と行なうことの楽しさ。

2年間は、かみしめて過ごそうとしてもあっという間でした。家族の元に帰ってからも、参加したことによる自分の変化？　成長？　は、よくわからずにいました。ただ、何かに迷ったり、つまずいたときに帰れる故郷がもう一つできたことだけは確かで、実際に話をしたくて帰ったこともあります。

20年たって思うことは、私も両親と同じように、地に足をつけた生活でないと落ち着かないのかな、ということ。農業に従事するということではありませんが、やはりすべてを買い求める生活には不安と違和感があります。全部、自分ではもちろんできませんが、種から野菜が、籾からお米ができるところを、冬には野焼きを、ときには動物の解体を子どもたちと見ていくことが大切だと感じています。

そしてそれができるんだ、ということを家族で教わった場所だったのだと思います。

加藤（旧姓高橋）七與《ななよ》（24歳）　看護師　愛知県豊橋市在住　1999年から2年参加　キャンプネームはナナヨ

「だいだらぼっち」を出てから早10年が経とうとしています。現在、私は愛知県にある860床の公立病院で看護師をしています。中学1、2年を泰阜村で過ごしたあと帰郷し、地元の公立高校、市外の専門学校を卒業して今の病院に就職して3年が経ちました。病院のなかでは手術室に所属し、手術室看護を行なっています。

「だいだらぼっち」での生活を振り返ってみると、なぜ一度しか行っていなかった場所に始めからすんなり馴染むことができたのか不思議に思ってしまいます。きっと当時は戸惑いや不慣れなことがたくさんあったのだと思います。しかし、今ではまったく思い出せず楽しい思い出の方が多く浮かんできます。それは自然豊かな環境と「だいだらぼっち」の人びと、そして「だいだらぼっち」を理解してくれている村の方々があたたかく受け入れてくれ、支えてくれたからだと考えます。

私が山村留学をしたいと思ったのも、人のあたたかさを子どもなりに感じたのだと思います。たった2年間でしたが、一言では言い表わせないくらい多くのことを経験することができ、今の自分の考えや価値観、コミュニケーション技術につながっているのだと思います。

「だいだらぼっち」をはじめ泰阜村ではさまざまな年齢層の人と接することができました。同世代だけでなく、父母やOBなど多くの年上の方と接することによって、自分にはない考え方があり、一つの考えにとらわれず多方面に目を向けることも必要であると自然と学ぶことができました。また、日々の話し合いのなかで全員が納得いくまで話し合いを重ね段取りをし、実行に移すことはディベート力となり、今でも自分の意見を相手にわかるように伝えることや段取りを取ることは習慣となっています。

就職してからは泰阜になかなか帰れなくなってしまいましたが、帰ると必ずみんなが「おかえり」と言ってくれます。何年かぶりに帰っても当時いたときと変わらないあたたかさと笑顔で迎えてくれます。ほっとできる第二の我が家。そんなことを考えたら、また帰りたくなってきました。

第6章

山村教育の経営戦略
——大公開！ NPOグリーンウッドの経営術

絶対無理だと言われた山村教育の経営。
どうやって25年食ってきたのだろうか……

1　これが山村教育で食うNPOの内情だ

金にならない3点セット

「NPO法人グリーンウッドは、どうやって食っているのか?」

近年グリーンウッドは、地域づくりや自然体験教育の実践として、全国から注目されている。なかでも過疎に悩む離島や山村などから熱いまなざしを受けている。興味・関心が集中する点は「国道も信号もない山村で、どうやってNPOが教育活動で食っているのか」だ。

泰阜村は、名所・旧跡のような観光資源に乏しい。この村を訪れる人は、明確な目的をもって来る人か、道に迷って来てしまった人かのどちらかだ。

へき地山村。それは、経済的な尺度からみれば著しく生産性が低い。教育活動もまた生産性が低いと言われてきた。要は「山村」も「教育」も儲からないということだ。しかもNPOは「儲けてはいけない」といわれる団体だ。

正確にはNPOは儲けてもよい。儲けた分をどこに使うかが、株式会社などの営利団体と違うのだ。NPOは利益を株主への配当に充てるのではなく、非営利活動つまりは公益活動に使うことが義務付けられている。公益活動のために儲けることはむしろNPOの本分だ。

しかし現実は日本全国津々浦々、NPOはおしなべて「食えない」職場なのである。「山村」「教育」「NPO」。誰がどう考えても食えない3点セットだ。

ところがグリーンウッドは25年、なんとか食ってきた。それどころか十数人もの職員を抱え、村でも最大規模の事業体に成長している。

ここからは、この3点セットをどうやって乗り越えて経営しているのかについて、話を進めよう。

やせ我慢を貸借対照表へ

まずは、2009年度の会計収支報告書（表1）を見てみよう。グリーンウッドの収入部門は、合計約1億円。その内訳は、「だいだらぼっち」の参加費が約2200万円、「山賊キャンプ」の参加費が約4300万円、指導者養成事業や講演などの収入で約900万円。会費や寄付は微々たるものだ。合計約7400万円が「自主財源」、すなわち自分たちで稼いでいる収入だ。

これに対して、「他財源」、すなわち自分で稼ぐのではなく、他からいただいたりしている収入がある。国や県などの事業を受託したり、補助事業に参加したりして得る収入が約1000万円。企業や民間団体からの助成金が約900万円。泰阜村の山村留学事業への運営助成に約500万円。「他財源」の合計は約2400万円になる。

表1　NPOグリーンウッドの収支計算書（2009年度）

（単位：円）

科　　目	予算額	決算額	差　異
【経常収入の部】			
事業収入	[74,240,321]	[74,210,129]	[30,192]
補助金等収入	[24,050,000]	[24,086,171]	[△36,171]
寄付金収入	[0]	[159,097]	[△159,097]
雑収入	[121,200]	[133,724]	[△12,524]
経常収入合計	98,411,521	98,589,121	△177,600
【経常支出の部】			
長期自然学校事業	[22,423,748]	[23,995,167]	[△1,571,419]
短期自然学校事業	[43,462,500]	[43,238,855]	[223,645]
指導者養成事業	[109,500]	[121,074]	[△11,574]
応答助言事業	[12,000]	[520]	[11,480]
講師派遣事業	[2,877,000]	[2,876,168]	[832]
講演会等開催事業	[412,000]	[409,612]	[2,388]
施設管理運営事業	[779,000]	[731,795]	[47,205]
諸団体交流事業	[766,000]	[747,230]	[18,770]
地域自然学校事業	[599,250]	[583,798]	[15,452]
管理費	[26,897,386]	[25,937,369]	[960,017]
経常支出合計	98,338,384	98,641,588	△303,204
経常収支差額	73,137	△52,467	125,604
【その他資金収入の部】			
借入金収入	[0]	[9,000,000]	[△9,000,000]
その他資金収入合計	0	9,000,000	△9,000,000
【その他資金支出の部】			
固定資産取得支出	[0]	[193,855]	[△193,855]
借入金返済支出	[0]	[9,000,000]	[△9,000,000]
その他資金支出合計	0	9,193,855	△9,193,855
当期収支差額	73,137	△246,322	319,459
前期繰越収支差額	0	5,618,347	△5,618,347
次期繰越収支差額	73,137	5,372,025	△5,298,888

次に支出部門の内訳だ。人件費は約4800万円（2009年当時常勤正職員16名、非常勤職員2名、専任講師2名）。次に多いのが事業に関わる食材費約1100万円。賃借料約480万円、法定福利費約450万円、旅費交通費約400万円、通信運搬費330万円、消耗品費約300万円、外注工事費約290万円、印刷製本費280万円、保険料約120万円というところが、100万円以上の支出となる。

2009年度をみれば、収入は「自主財源」と「他財源」の割合が75％対25％ということがわかる。対して支出は「人件費」が約半分程度となっている。1億円の経営規模を持つとはいえ、スタッフを十数人抱える団体としては綱渡りの経営を続けていることがおわかりだろう。

「食えない」3点セットが食えるようになることは容易ではない。毎年決算の時期に貸借対照表を見て思った。「やせ我慢を計上したい」と。

「へき地山村レート」のマジック

NPOが食えても、職員が食えなければ話にならない。2011年の正職員は13名、雇用関係は結ばないが補助費を支出している研修生が4名、専任講師が2名いる。

職員の初任給は11万円から始まる。その後、勤続年数、年齢、家族構成、能力も加味して、昇給する仕組みだ。もちろんボーナスはない。ちなみに代表である私の2011年度の月収が30万円後半だ。社会保険と厚生年金も完備とまではいかないが、充実する努力をし続けている。

研修生に補助する費用は月8万円、このお金は1年間の研修をより有意義にしてもらうためのものだ。研修生には社会保障はないが、その分賠償責任保険などを手厚くしている。

大学新卒で正職員が11万円、研修生が8万円と聞くと少ないと思うかもしれない。しかし彼らが手元に残すお金、つまりは貯蓄にまわすお金は意外に多い。それはお金を使わないからだ。ま

独身スタッフは「だいだらぼっち」で洗濯をしてできるだけ出費を抑える

ず泰阜村には使う場所がない。コンビニや娯楽施設がない村なので使う場面が限られている。若いスタッフ、とくに独身スタッフは「だいだらぼっち」で子どもたちといっしょに食事をとり、風呂にも入る。だから生活費の出費を抑えることができる。

また、彼らには村営住宅を斡旋する。築年数と収入に比例して住宅使用料が算定されるので、使用料は限りなく安い。一番安い住宅使用料は月2500円程度だ。都市のアパートでは発生する駐車場代も村では無料だ。草刈機や畑作業の道具、軽トラック車両など、グリーンウッドの備品を使うのも常識の範疇で自由にしている。

彼らにはまだまだ十分に給料を支払えているわけではない。しかし彼らの出費をいかにして少なくするかを考えてきた。ある意味、「自給自足」による福利厚生の充実だ。

その結果、給与の額面は少なくとも、手元に残るお金が多いというわけだ。泰阜村で手元に残るお金を都市でも残そうとすると、おそらく月収は40〜50万円はもらわないと無理かもしれない。要は暮らしのレートが違うのだ。これを「へき地山村レート」という。

思い返せば1993年当時、私の初任給は手取りで6万円以下だったと記憶している。しかも団体の経営状態はよくない時代だったから半年ほどの遅配が当たり前だった。

企業に就職した大学の同期は、20万円以上もらっていたから少ないといえば少ない。私自身は「だいだらぼっち」の敷地の一部屋を間借りし、食事は子どもたちといっしょにつくって食べた。

町に買い物に行くこともない。金を使わないから給料の遅配はそれほど苦にはならなかった。それでも遅配が続き、半年分の給料がでると「こんなにもらっていいものか」と、経理担当の村上由紀に恐縮がったものだ。「本来支払うべき給料だから」と、彼女が恐縮がるのを見て、また私が恐縮がる。苦しい生活のなかの微笑ましい光景だった。

私は6万円のうち3万円を貯金した。そして3年かけて貯めた100万円を結婚資金に充てた。月収6万円でも生活することができたし、結婚もできた。

ただ、結婚して家庭をつくるというスタッフには、当然ながら給与を上げている。これからは、若い独身のスタッフの基本給も上げていきたいし、社会保障も完備していきたい。

村で生きるためには、そこまで高額の給与は必要ない。しかし、せめて同じ「世のため人のため」の仕事をしている村役場の職員並みには引き上げたいと思っている。

若者が経済的な心配をせずに飛び込める職場。そうなって初めて、食えない3点セットが「食える」3点セットになるのだから……。

2　グリーンウッド流　経営の極意

本業集中の原則

「カニ（梶のニックネーム）、もうやめようか」

村上がため息をついた。1992年春のことである。

今なお山村留学という事業は、人件費などの固定費がかさむため経営的には採算が合わない。その当時は言うまでもなく、赤字経営が宿命的となっていた。

当然、不採算部門のリストラがある。結果的に梶と村上が所属していた財団は、泰阜村から3年で撤退した。梶と村上は財団を退職した後も泰阜村に残り任意団体を発足させ、泰阜村での山村留学事業とキャンプ事業を主催することになった。村上は24歳にして団体の理事長へ就任した。

村上には長男が、陶芸家としての人生を歩み始めた大越にも長女が生まれ、まさに待ったなし、解散の瀬戸際で悩んでいた。「今ならまだ人生をやりなおせる」。村上はいつも、梶にそうつぶやいていたという。

「ハローワークに行こうかなあ」

村上は、本業の山村留学やキャンプでは収入が見込めないため、副業で外貨を稼ごうとしていた。梶には、村上がやけ気味になっているように思えた。

「ムサシ（村上のキャンプネーム）、外で稼がずに『だいだらぼっち』でがんばりましょう。苦しいときはパンを二つに分けましょう」

そんな村上を、梶の覚悟がやさしく諌めた。

そして、苦しい時代ではあったが、スタッフを一人増員して事業を充実させる道を選択したのだ。1993年、新しく入ったスタッフが大卒の私だった。私の参画を機に、梶と村上が発足させた任意団体をグリーンウッド遊学センター（NPO法人グリーンウッドの前身）と名称を変更し、気分新たに出発を図った。

1997年にスタッフとして加入した辻典子（40歳）は、村上とともに村の伝統野菜を活用して漬物加工組合を起業し、新たな収益活動に挑戦しはじめることになった。

もともと地場産業のない泰阜村だ。村長、議会はじめ、村の人たちからの期待も大きかった。地元の道の駅、温泉販売所、近隣の朝市、イベント販売などしてきたが、結果は5年後の倒産というきびしいものだった。

出荷を予定していた協力会社の倒産や地元のマンパワーを活用しきれなかったこと、経営戦略を十分に描ききれなかったことなど原因はいろいろあった。加工場の約1500万円の借金は、

4年前にようやく自力で償還を済ますことができた。

こうした紆余曲折の歴史、そして失敗の歴史から学ぶことは、「きびしいときこそ本業に集中すべき」ということだ。

私たちの本業とは、「教育活動」である。教育活動からかけ離れたことをやろうとすると、たとえそれが収入を増やすための待ったなしの選択であっても、いずれ失敗する。逆に教育活動を愚直にがんばれば、結果的には収入も増加する。それは1999年に転機となった村人が主体となる実行委員会の長期体験活動と、その後の「山賊キャンプ」が証明している。

苦しいときこそ、教育理念を磨き教育活動の質の深化に努めることこそが、遠回りであっても経営を建て直すことにつながる。

「儲ける」という字は、「信」じる「者」と書く。信じる者は、儲かるのだ。ただ、何を信じるかが大事だ。私たちは、子どもの力、仲間の力、地域の力、自然の力を信じ抜き、地道に教育活動を進めてきた。原点を信じること、本質を信じることが肝要だ。

儲かるのは、従来の貨幣価値だけではない。村内の人びとのネットワーク、村人からの信頼、村外のファン、情報など、貨幣価値では計れないものが儲かった。

きびしいときこそ本業集中。小さなNPOが経営していくための鉄則だ。

7：3の原則

2001年、これまで任意団体だったグリーンウッドは、NPO法人化する。泰阜村初のNPO法人「グリーンウッド自然体験教育センター」が誕生した。それまでグリーンウッドは、職員の給与を削りながらの経営を続けてきた。しかし、待遇が不安定ななかでは、活動の継続性や優秀な人材の確保は難しい。人件費の捻出をはじめとする経営の安定化は、宿命的な課題となる。

私たちは法人化して以来、経営のうえで大事にしている数字がある。それが「7：3」の原則だ。

NPOは、多様な収入源を持つことが特徴の一つである。一般的には会費や寄付、主催事業収入というのが「自主財源」。助成金、補助金、委託金などは「他財源」だ。

当たり前のことではあるが、「自主財源」は使い道などの自由度が高い。それに比べて「他財源」は、自由度や継続性が低い。そして、「自主財源」の割合が多ければ多いほど経営は安定し、「他財源」が多いほど経営は不安定になる。この「自主財源」と「他財源」の割合を「7：3」にするのだ。

7割の「自主財源」は使い道を自分で決められる。つまりグリーンウッドがやりたいことをできる。社会に必要とされていることを実現できる。仮に3割にあたる「他財源」を失ったとしても、7割の「自主財源」で経営できる。

ところが、この割合が逆転しているNPOが多いのが日本の現状だ。7割はおろか5割の「自主財源」を確保できているNPOが、この国にどれだけ存在するのか。しかも「山村」において教育事業を行なうNPOは皆無に等しい。

「自主財源」が3割しかなければ、自分たちのやりたいことや社会に必要とされていることも3割しかできない。しかも、残りの7割を失ったとしたらNPOの経営はたちまち破綻してしまう。そのため「他財源」の獲得に労力の大部分を割かなくてはならない。

苦労しなくても手に入る「他財源」は、ある意味麻薬に近い。ひとたび補助金や委託金を受けると、それに頼らなければ経営できない状況に陥る場合がある。事業を実施するために補助金を受けたはずが、補助金を受けるために事業を実施する羽目になる。これでは本末転倒だ。

ではなぜ「自主財源」10割を狙わないのか。経営の安定を考えれば10割にしてもよいと思うだろう。それを7割に抑える理由は、多様な財源を確保するためだ。「自主財源」の割合をあまりに高くしすぎると、主催事業に何らかのトラブルがあったときに途端に経営がきびしくなってしまう。つまり、財布の数は多いほどリスクを分散できるということだ。一つの財布を落としても、残り三つあればなんとか生き残れる。

逆に「他財源」を3割にする理由もある。補助金、助成金、委託金などをもらうことは、悪いことではない。財源を拠出する自治体や企業など、他団体との連携や協働のチャンネルも増えるからだ。質の高い連携・協働が求心力を持ち、次の仕事やチャンスを運んでくる。

グリーンウッドも法人化以降、政府・行政からの受託事業・連携事業はもちろん、民間財団や企業の助成金も飛躍的に増えた。そのうえで「自主財源」と「他財源」のバランスをとる必要がある。グリーンウッドは、「他財源」の獲得を通して他セクターと連携をとりながらも、「自主財源」の獲得を通して自由度と自己決定権を確保してきた。

法人化後、他セクターとの協調・協働を積み重ねて10年。その実績と体力がついてきたときに、この割合を「8：2」程度にしていきたい。

原点を守らずして何が経営か

ハッキリ言って「山村留学」は儲からない。グリーンウッド（2009年度決算）では「だいだらぼっち」で約2200万円の収入がある。しかし、少なくとも常勤の専任スタッフ5人と兼任スタッフ5人の計10人を配置する。人件費だけでも相当な費用だ。「だいだらぼっち」は、赤字が宿命的な事業だ。これは経営者にとっては非常に頭の痛いことだ。

それをどう乗り越えてきたのか。安易に「他財源」に手を出せば麻薬中毒になる。私たちは自由度が縮小すること、自己決定権を奪われることが何より嫌だった。どれだけ貧しくなろうが、自分たちのことは自分たちで決めたい。その想いが強かった。だから自分でお金を生み出すことにこだわったのだ。それが、漬物加工への挑戦だった。

しかし、本業からはずれたことをやってもいずれ失敗する。そこで、私たちは「自主事業」、しかも本業である「教育活動」を展開することによって赤字を補塡し続けてきた。自分で？いったいどうやって？　皆そう思うだろう。

その「自主事業」が、「山賊キャンプ」である。

「だいだらぼっち」（山村留学事業）ほぼ一本だった1993年のグリーンウッドの収入は年間1600万円ほどだった。「山賊キャンプ」が成長するにつれ、総収入は3000万円台（95年）、5000万円台（02年）、7000万円台（03年）、そして2006年には1億円に達し、順調に伸び続けた。

「山賊キャンプ」が「だいだらぼっち」を支えてきたのだ。

しかし、実は収支を合わせるための経営的側面だけで「山賊キャンプ」を行なっているわけではない。「だいだらぼっち」は、私たちの根幹事業だ。しかし、なかなか応募者が多くないのも事実だ。やはり1年間も親もとを離れる山村留学に、応募が殺到することはあり得ない。

そこで「山賊キャンプ」の出番だ。「山賊キャンプ」に参加してくれた子どもは、泰阜村や村の人びとの暮らしを知ることになる。ときにはおじいまやおばあまにも出会う。自分が食べる野菜が村のおばあまがつくってくれたことを知る。「だいだらぼっち」の運営スタッフといっしょにキャンプをするのだから、お互い最も有効な面談にもなる。

「山賊キャンプ」に参加してもらえれば、間接的に山村留学のことも知ってもらえる仕組みになっている。「山賊キャンプ」の参加者約1000人のうち1%が来れば10人。あっという間に「だいだらぼっち」の定員の半分に達する。

つまり、「山賊キャンプ」は、あらゆる意味で、グリーンウッドの生命線だ。だから、毎夏1000人もの参加者を集めるのだ。

「だいだらぼっち」は、経営陣にとって今すぐにでもリストラしたい部門だ。しかし、「だいだらぼっち」を捨てることは、私たちの理念を捨てることに等しい。私たちは、解散の瀬戸際に何度も追い込まれながらも、どんなに苦しい状況に陥っても、原点である「だいだらぼっち」は切り捨てず守ってきた。

それは、この村が大事にしてきた「貧すれど貪せず」という訓《おし》えをそのまま自らの生き様として具現化してきたようなものだ。今なお泰阜村に暮らす人びとに脈々と受け継がれている「最もきびしいときにこそ、子どもの未来にお金も気持ちも注ぐべき」という気風が、吹けば飛びそうな私たちをギリギリで支えていた。

苦しいときこそ、最も大事なものを守る。しかも、赤字部分を副業で補塡するのではなく本業で補塡する。グリーンウッドの山村留学はそうやって25年間守られてきた。

炎のメッセージ⑫ 山村留学の自己矛盾

家より便利な山村留学の事例がいまだにある。それは、山村において都市部より便利な暮らしをするという、そもそもの構造的な矛盾を抱え込んでいる。だから子どもが集まらず、継続難にあえいでいるのだ。

なぜ、このような便利な山村留学になってしまったのか。答えは簡単だ。児童・生徒の減少に悩む過疎自治体が、「山村留学」を「学びの政策」から「一時的な移民政策」に変質させてしまったからだ。過疎地域の小中学校の存続をかけて、手っ取り早く都会の子どもを移住させる。それが山村留学になってしまった。

行政にとっては、4月1日に児童生徒が何人この地域に「移民」してきたのか、その数字が大事だったのだ。

しかし、その日から始まる1年間の山村生活の教育的意義をしっかり考えた受け入れ地域は、残念ながら少なかった。要は子どもがその地域に来た時点でゴール。その後はまさに「お客様」だったのだ。

そして「移民政策」の効果がきわめて低いと気づいた受け入れ地域は、山村留学の財源を国や県に依存しようとしている。子どもたちや地域の自立を願った山村留学が、行政への依存なしには自らの足では立っていけないのでは、なんとも悲しい自己矛盾である。

山村留学は、山村の「不便さ」という土台で学ぶからこそ山村留学なのだ。もう一度、根本から問い直そう。山村で山村留学をする意味とは何なのかを。

評価なきところに成長なし

2005年、梶が泰阜村から表彰された。20年以上にわたる村内での教育活動を評価したということだ。「村の子の血が染まる」とまで言った村の人びとが、いまや表彰してくれるという。率直にうれしかった。

一方で「社会はグリーンウッドの20年をどう評価するのだろう」という思いも高まった。そこで、私は筆がたつスタッフ・野田恵（33歳）に、アワードに応募するよう指示した。

2006年からのわずか4年間で、グリーンウッドは十数個の賞を受けている（表2）。活動拠点の村や南信州地域から県、全国規模の賞、公的機関から民間財団、マスコミに至るまで、また教育から農山村地域活性化や環境保全など、幅広い観点から私たちの活動が評価された。

もちろん賞を受けたことで、内部スタッフの意識も

表2　NPOグリーンウッドの受賞歴

2005年度	泰阜村長賞
2006年度	第37回博報賞（教育活性化部門）
2006年度	第4回オーライ！　ニッポン　大賞審査委員会長賞
2006年度	第1回山村力コンクール林野庁長官賞（山村力発揮大賞）
2006年度	第4回信州日報文化賞
2007年度	長野県青少年県民会議会長表彰
2007年度	ぼうさい甲子園（1.17防災未来賞）奨励賞
2007年度	第5回オーライ！　ニッポン　ライフスタイル賞
2007年度	美の里づくりコンクール審査会特別賞
2008年度	長野県知事表彰（教育功労団体）
2008年度	第35回環境賞（日立グループ）
2008年度	信毎選賞（信濃毎日新聞）
2008年度	あしたのまち・くらしづくり活動賞振興奨励賞（子育て支援活動部門）
2009年度	読売教育賞最優秀賞
2009年度	地域に根ざした食育コンクール2009　優良賞
2010年度	第13回地球倫理推進賞（文部科学大臣賞）

変わる。村の人びとも「オラが村にはこんな団体がある」と、少しだけ鼻を高くした。そして、講演や原稿依頼も次々と舞い込んだ。

自らの歴史と実績をまとめ、世の中にアウトプットして評価を得るという活動は、積極的にやるべきだ。「経営に余裕がないとそんなことはできない」という声が聞こえてきそうだが、余裕ができるのを待っていると、永遠にそのチャンスはつかめない。

評価なきところに成長なし。これは経営の要の考え方でもある。

金をかけない広報戦略

東京から車で5時間、泰阜村は交通アクセスの不便なへき地山村だ。「山賊キャンプ」のように「商品力」があったとしても、へき地にわざわざ人を呼び込むくらいの「売り出す力」がないと、事業としては成立しない。

お世話になった松澤平治さん（中央）と保護者代表の仁平《にひら》夫妻（左）といっしょに表彰式へ

つまり、グリーンウッドの事業を多くの人に認知させ、事業に参加してもらうためには広報戦略を考えなければならない。山村を拠点にする団体にとっては、それは死活問題だ。しかし大企業のような大きな広告をうつ資金もない。

では、グリーンウッドはどのようにして認知度を上げてきたのか。それはマスコミの取材を受けることだ。これはお金をかけなくても効果的な広報戦略の一つといえる。

グリーンウッドは、これまでに５００を超すマスコミの取材を受けている。山村のＮＰＯとしては異例の数だろう。年間平均で60～80件、同じ頻度で有料広告を掲載したと換算すれば、投資対効果としてはたいへん高い。だが、漫然とプレスリリースを流しても記者は簡単には取材に来てくれない。

「政治や社会の動きを敏感に捉え、今このような時代だからこそ、自分たちのやっている事業が重要であるとプレスリリースでＰＲする。へき地だからこそできるニュースにすることで、ここでしか取材できないものにする」と、常務理事の佐藤陽平は言う。

今、何が世の中でとりあげられているのか、何が中心的な話題なのか、そして一歩先の時代は何が求められるのかなど、プレスリリースはそれらを読みとった内容にすることが大事だ。

そして佐藤はもう一つ、重要なことを挙げる。

「興味を持ったマスコミと入念に話をし、自分たちの事業について理解してもらうのです。マスコミにただ説明するだけでは伝わりません。まずは信頼関係をつくることからです」

こういう地道な関係づくりを丁寧にやれと言う。そうしたことを続けることによって、はじめて求心力が働くのだと。

「ひとつひとつを丁寧に続ければ、知らず知らずのうちに認知度が上がり、顧客も増えていきます。地元新聞に掲載されれば、それを読んだラジオ局やテレビ局が取材に来ます。その次には、東京の雑誌や新聞社、テレビ局が来ます。お金のないへき地での広報は、さまざまなメディアの相乗効果を目指すことが得策なのです」

事実、2005年頃から、新聞や雑誌、テレビの取材が飛躍的に増えた。とくに2005〜2008年は、テレビの全国放送が相次いだ。これらは長期間にわたる取材によって、グリーンウッドの活動の本質を伝えようという姿勢が強く、多方面から反響があった。

マスコミによってグリーンウッドの活動が広く紹介されることは、グリーンウッドにとって広報費のかからない広報活動であり、その理念の拡大、普及啓発に大きな貢献をもたらす。

3　働きやすい職場をつくる

人もうらやむ山村暮らし

田舎暮らしは、基本的に不便で面倒なものだ。集落の付き合いや村人との交流は、それをよしと思わない人には限りなく億劫なものだろう。

今日起こった出来事は、明日には村全体に広がっている。それを「プライバシーがない」と思う人には、本当にわずらわしいことだ。手作業で米づくりをしたり、薪割りで燃料を確保することも必要のないことかもしれない。

ところが、グリーンウッドのスタッフは、この不便な田舎暮らしを楽しんでいる。子どもと同じで、「めんどうくさいことが楽しい」と思っている。もちろん、スタッフの若者たちはパソコンも使えば、携帯電話も使う。へき地山村のなかで文明的な便利さも享受している。

肝心なのは、田舎暮らしを「楽しもうとしているかどうか」だ。

集落のおつきあいは面倒だが、その替わり何かあったときは「困ったときはお互い様」と住民みんなが助けてくれる。この「支えあい・共助」の構造に身を置くのは、このうえなく心地よいと私は思っている。

噂がすぐ広まることも、裏を返せば村人が隣の人のことを気にかけているということだ。子どもを見守る村人の目は、どこまでもやさしい。この安心は決してお金では買えない。

食料やエネルギーをつくり出せる幸せや意義は、昨今の災害時をみれば容易に理解できるだろう。そしてそれ以上に、自分が自分の暮らしに確かに参画している実感を手にすることができる。小さい村では、村の未来づくりに自分が参画していると実感できる場面も多い。

この実感は、都市では味わうことができない宝でもある。人もうらやむ山村暮らしを、スタッフ自身が実践していく。そして、それを楽しもうとすること。それが山村で事業を継続していくうえでも重要なのだ。

「持ち寄りの精神」の職場づくり

泰阜村のような山村は、村人が持っているものを総動員して地域の課題を解決してきた。それは「持ち寄りの精神」だ。

集落の祭りや先生の歓迎会など、各家から漬け物や余ったお酒、とりたての野菜、ちょっとしたおつまみを持ち寄って宴会を開く。こういう風習が泰阜村にはまだ残っている。

私たちもこの「持ち寄りの精神」を大事にしている。宿泊しに来るけれど財布が心配な学生に、力のある人は薪割りなどの労働をしてもらってきた。来訪される人びとには、暮らしに必要な味噌や米を持ち寄ってもらってきたりもした。もちろん、ジュースでもお酒でも、私たちへの楽しい情報でも、元気な笑顔でも、近況報告でも、何でもいい。要は「持ち寄りの精神」を大事にできるかどうかだ。

この精神を、スタッフにも大事にしてもらっている。自分に届いたおみやげ物をスタッフみんなで食したり、スタッフの家で草刈りが必要なときには手伝いにいったり、各部署で人手が足りないときに全員でその仕事を手がけるための時間を持ち寄ったり。

この持ち寄りの精神が発揮されるとき、スタッフは安心感を得る。そういう安心感を生み出す職場づくりに努めていきたい。

足元の人脈がものをいう

私が泰阜村に来てから18年がたつ。自治会の構成員としておつきあいを続け、各種実行委員もやってきた。すると自治会の役員も任されるようになるし、集落の行事には必ず声がかかるようになってきた。

子どもができると、保育園や小中学校などPTA活動が始まる。丁寧に活動を行なえば、少年野球や太鼓など、村の社会体育・社会教育関係者からも声がかかり、いっしょに活動するようになる。

国際交流イベントや2週間キャンプなどで、いっしょに汗をかいた実行委員会の人びとは、今でもよき仲間である。とくに当時の若手メンバーが、いまや村内でも中核的な立場に立っていて、さまざまなことを相談したり、いっしょに手がけたりできる尊い存在となっている。

満州開拓の帰国者支援や中国東北部との交流、阪神・淡路大震災や中越地震の支援は、ともにより弱いものへの気持ちの集積であり、いっしょに活動に携わった人びとは、東日本大震災の支援に、まっ先に力を貸してくれた。

そして「伊那谷あんじゃね支援学校」は、これまでの村のなかの人脈が結集した形となった。一生懸命にこの村の住人になり、この村の風土や教育力を大事にした教育活動を行なってきた結果、村内に良質な人脈を築くことができた。いや、実はこの良質な人脈があったからこそ、質の高い教育事業が展開できたのだ。

もちろんこの18年間、私は村外のネットワークもつくってきた自負はある。日帰りで東京往復を何度もこなし、一度東京に出たら最低でも5人以上とアポをとって意見交換した。10人以上とアポをとって日帰りしたこともある。そんな無理な出張がたたったのか、身体を壊して入院もした。

それでも、国の省庁や県庁の会議より、村の会合を優先した。その結果、怒り心頭の政府役人に責められたりもした。でも私は言い放った。

「あなたにとっては中央が大事かもしれないが、私にとっては村が大事なのです」

最後にものをいうのは足元の人脈だ。苦しいときにこそ「だいだらぼっち」を守ってきたのと

仲間のつくった昼食をスタッフ全員で食べる。
暮らしやすさが働きやすさにつながる

同じくらいに、村の人脈を大事にするのだ。大事にすればするほど、自分たちが活動しやすくなる。「覚悟を持て」と、私は若いスタッフに説いてきた。村人に敬意を払い続けようとする覚悟だ。山村で生き抜いてきた村人の歴史、壮絶な思いに、敬意を払うこと。それが山村でのＮＰＯ経営の要の一つだ。

いっしょに実行委員会の仕事をしてきた横前明さん（52歳）が２０１１年7月から副村長に抜擢された。この人脈から生まれでる成果がこれから楽しみだ。

働きやすさはつくりだすもの

「ここに来て一番感動したのは、昼食がおいしいこと」

若いスタッフはたまにこう言う。普通の職場は、スタッフの昼食は自己負担が当たり前、弁当か外食が大半だろう。グリーンウッドは違う。スタッフが当番制で昼食をつくる。「だいだらぼっち」の子どもたちと同じで、仲間がつくってくれた昼食をみんなで食べるのだ。

当番のスタッフは、泰阜村の旬の食材を使って、腕によりをかけて食事をつくる。子どもと同じで、仲間がつくってくれた食事がおいしくないわけがない。

それはスタッフの働きやすい職場環境づくりにも直結する。食事以外にも、随所に働きやすさを感じることがある。団体が所有している道具・備品・車両を自由に使えたり、「だいだらぼっち」の風呂に入ったり、洗濯機を使ったりもする。

人間関係を豊かにする工夫もある。子どもと同じで、スタッフ同士もキャンプネーム、いわゆる「あだ名」で呼び合う。私はダイチ、梶はカニ、村上はムサシ、大越はギック、というように全員に一つずつある。キャンプネームは、子どもと大人の関係性をフラットにするために使われているが、先生と生徒・児童という上下関係にしないための一つの工夫だ。

スタッフも、互いがかけがえのないパートナーであるという意識を持ってほしい。それにはやはりキャンプネームという形は必要だ。だから、私も研修生や1年目の職員からも「辻さん」ではなく「ダイチ」と呼ばれている。それでいいのだ。

スタッフが働きやすい雰囲気を、スタッフ全員でつくっていきたい。「働きやすい職場」は、提供されるものではなく、自分たちでつくり出すものだ。

経営はお金をまわすだけではない。人も気持ちもやりがいも管理してまわさなくてはならない。これからも働きやすい職場をさらに充実させていきたい。

第7章

見よ、山村の底力
——教育が地域と日本を再生する

グリーンウッド25年の軌跡と奇跡。
山村が生き残る道とは？

1　山村教育がもたらしたもの

やっぱり泰阜村がいい

「辻君。わしゃ、生まれ変わったら教師になりたい」

栃城集落の木下藤恒さんは、2週間のキャンプを終えて子どもたちを見送った後つぶやいた。

「わしは職人だぞ。子どもなんかといっしょにやれるか！」と激怒していた炭焼き職人の篠田正彦さんも、今では「これからは子どもといっしょでなければ、炭焼きはやらない」とまで言い切る。

山賊キャンプに野菜をだす中島千恵子さんは、子どもにお礼を言われたことが「たまらなくうれしかった」と、減農薬栽培を意識するようになり、その後、村の学校給食に提供する野菜づくりも始めている。

「何もない」泰阜村の境遇を嘆き、この村がもつ教育力を否定的にとらえて「この村にいてはだめだ」と、息子たちを都市へと送りだしてきた村の大人たち。その大人が、都市の子どもたちから再び村の価値を教えられたことで意識が変わり、地域の再生に向けて動き出したのだ。

今、泰阜村では、村人自らが行動を起こすようになっている。村人有志は民泊をすすめる「NPO法人グリーンツーリズム研究会」や、農家レストランを運営する「NPO法人ジジ王国」を立ちあげた。村の野菜をインターネットで売り出す「やすおか村産直組合」の運営も始まった。また、撤退した民間のガソリンスタンドを、村人が「振興センターやすおかSS」として引き継いで営業し、「あんじゃね支援学校」では、村人の手によって子どもたちの週末の自然体験活動が行なわれている。

山賊キャンプをはじめ、グリーンウッドの教育プログラムは、いまや行列ができるほどの人気となった。そして、この人気を支える土台が、欧米のプログラムや文部科学省から指示された内容ではなく、泰阜村の暮らしの文化にこそ内在していることに、村人も気づき始めている。

「村を故郷のように思う『だいだらぼっち』の子どもたちが『ここはいい所だ』と言ってくれるためか、村の子どもたちも泰阜村はいい所だと感じている。私が小さい頃は、隣の飯田市に出たときでさえ、田舎者の肩身の狭さを感じていたが、今は胸を張って『泰阜村から来た』と言っている」と、木下さんと同様に宿泊施設を営む高島昭彦さんは、地元新聞の取材に答えた。

「遊び」が生みだした経済効果

「泰阜村に戻りたいけど、職場がないから」

泰阜村出身の若者にUターンを促す際に必ず返ってくる言葉だ。

確かに泰阜村のようなへき地山村の一番の問題は、「働く場」がないことだ。とくに、若者が働く場というのは皆無に等しい。

その意味からすれば、私たちグリーンウッドの一番の功績は、泰阜村に15～20人の若者を定住させて、その雇用の場を創出したことかもしれない。

2002年から毎年のように、グリーンウッドに就職する若者が泰阜村に定住している。そのなかにはスタッフ同士で結婚した者や、山賊キャンプをサポートする青年と結婚したスタッフもいる。

お隣の原忠義さんがよく言う。

「グリーンウッドの周辺は若い夫婦や子どもが多いもんで、泰阜の銀座だと言われているんな。おかげで地区の自治会も保たれている」

ヨソモノが村に仕事をつくり、根を張り出した。その仕事とは、村の自然環境を資本とする自然体験教育事業だ。「だいだらぼっち」の山村留学や「山賊キャンプ」を通して、都市と山村の交流人口が増えることで、母屋の隣に建設された村営の宿泊施設にも雇用を生み出している。いまやNPOの年間予算1億円のうち、食材や人件費その他、合計7000万円程度が地域経済に還流されている。

「地域資源を資本として、この山村で1億円近くの収入を得ることは奇跡に近い。村に落とす金額も大きく、経済的な支えとなっている」

泰皐村の松島貞治村長も、グリーンウッドが地域に与える経済波及効果は大きいという。

確かに、地域資源を資本とした農林業などの条件が不利なへき地山村において、このことは特筆される。しかも、従来は生産性が低いとされていた教育を、山村における経済波及効果、環境保全効果、地域コミュニティ形成効果の観点から、生産性の高い生業に成長させた。これは、山村がどう生き残るかについて、全国から注目されることになった大きな要因でもある。

25年前、村の老人は私たちヨソモノ・若者のことを「遊んでる人たちだな」と表現していた。今もそれは変わらない。しかし、山村の住民が「遊び」と捉えていたことが今、仕事を生み出し、そして山村の価値を伝える仕掛けとなっている。

何しろ、人口1900人の村にあって15人から20人の従業員を擁する職場（村内第4位の従業員数）は、人口20万人の都市であるならば約2000人の従業員を擁する職場となり、いわば村にあっての大企業といえるのだから。

村を捨てない若者たち

うれしいことに5年ほど前から、村を出た若者たちが村に戻り始めている。それも何人もだ。しかも、彼らは12年ぶりに村の青年団まで復活させてしまった。この驚くべき行動力の背景を、村出身の若者に率直に聞いてみた。

「いずれ泰皐村に帰ってくる気持ちはありました。地元が好きで、ふるさとを活性化させたいという思いもありましたから……」

玉井真吾さん（28歳）。「だいだらぼっち」と同じ田本集落に暮らす彼は、東京の大学を出てすぐ村に戻ってきた。現在は、泰阜村のお隣の飯田市の銀行に通勤している。

玉井さんは、大学の教育実習で泰阜中学校に来たときに生徒数の少なさに愕然とし、これからも子どもが減ることを考えると、村の存続が危ういと感じたのだという。

「子どもができたとき、自分と同じような環境で育てたいですね。そうなるとやはり泰阜村がいい。子どもが少ないからこそ、年上の人に遊んでもらうなど、上下関係なく、わけへだてなく付き合えました。それがとても楽しかったから、子どもにも味わわせたいんです」

Uターン者として、泰阜村をどうしたいという質問には、「自分のような若者が住んで家族を増やしていければよい」と答える。「小さな村ならではの一体感や機動力は、子どもたちにとって恵まれた環境であり、そのよさを生かして地域の存続だけではなく、どう発展させていけるのか考えたい」と玉井さんは言い切る。そして、村外に一度出て帰ってきた若者は、外の目線を持ち、外に発信する役割があるという。

「村を基点にしつつ、どんどん外に出て行くような、外との関わりをつくるような、そういう活動をやっていきたいですね」

そんな玉井さんには、「だいだらぼっち」の卒業生はどのように映っているのだろうか。

「純粋に新しい友だち、転校生でした」

玉井さんが小学生のとき、「だいだらぼっち」に参加する都会の子どもが、なぜ泰阜村に来たのかは特段考えもしなく、ましてや理由など聞いたこともなかったという。その理由がおぼろげにもわかったのは、玉井さんが大学進学で東京に出たときだ。

「まず感じたのは、親のありがたさです。そして、学校をはじめとした子どもの人数の違いが断然です。泰阜の学校では、一人一人が主役になれます。誰もがスポットライトを浴びることができるところが、いいですね」

泰阜村を離れてわかる故郷のよさ。離れて見つめることのできる視点を大事にしたいと玉井さん。そして、泰阜で生活をした「だいだらぼっち」とのつながりも大事にしたいという。

「泰阜のよさを村の若者が発信する。それを『だいだらぼっち』の卒業生がさらに発信して、

12年ぶりに復活した青年団が、あんじゃね自然学校のプログラムを企画（後列右端が玉井真吾さん）

村に何か生まれるといいですね。都市部でレストランをやっている卒業生がいると聞いています。そのレストランに、村の農家が野菜を出荷するとか……」

泰阜村が生き残るためにも、村に住む人だけではなく、外の視点が必要だ、と熱っぽく語る玉井さんを見ていると、山村留学は遠巻きながら村の子どもにも影響があるのかもしれない。

「村に帰ってきた若者は、嫌々ではない。すっきり帰ってきています」

皆、前向きにUターンしているのには驚きだ。その一因に、玉井さんのように「だいだらぼっち」の子どもたちと過ごし、そしてその後も卒業生と交流があり、そしてグリーンウッドの若者と関わっていることが影響しているからだ、という仮説が立つのかもしれない。

自然とともに生きる

「間伐して木が元気になった」

所有する里山を10年前に「だいだらぼっち」の活動に提供した吉澤勝喜さん（67歳）がいう。

「だいだらぼっち」は、循環型の暮らしを重視してきた。その過程で、集落や行政と協働して里山の間伐を行ない、これまでに吉澤さんなど山林所有者と子どもが力を合わせて約10ヘクタールの里山が整備された。さらに現在では、泰阜北小学校の元学校林を伊那谷あんじゃね自然学校の付属林として活用している。

また、山賊キャンプの子どもたちのために野菜をつくる村内の農家は、減農薬・有機栽培で安全な野菜づくりを目指すようになった。結果的に環境保全型農業が広がっていくことで、地域内の環境負荷を減らしていくことにも貢献している。

さらに「あんじゃね自然学校」では、炭と米などを物々交換する「炭スタンド」を２００５年に建設。たとえば２００６年度は、子どもたちが焼いた４５０キログラムの炭が交換され、村内の家庭で使われた。現在の交換レートは、炭10キログラムに対して米1キログラムとなっている。高齢化で炭焼きをする人が減っているなか、この物々交換が大いに役立っていることはいうまでもない。

そもそも「だいだらぼっち」の旧母屋は１９８７年、当時の子どもたちとスタッフ、地域住民の手によって半年がかりで建設された。電電公社から購入した木の古電柱、国鉄から購入した枕木、村長からいただいた間伐材、さらには近隣自治体の廃校からもらってきた窓枠などを利用したリサイクルエコハウスともいうべき母屋だった。

この旧母屋の考え方を受け継ぎ、２００３年に立て替えられた現在の母屋もまた、信州の間伐材を活用して建築された。現在の母屋の屋根には大型のソーラーパネルが設置され、日中の電力をまかなっている。また、暮らしに必要な物品なども、できるだけ里山の恵みを活用して、自分たちでつくっている。

「泰阜村は自然が豊かですねえ」

村に来た人は皆一様にいう。しかし、一歩山に入ってほしい。田んぼをよく見てほしい。山は荒れ、棚田は雑草が茂り畦も崩れている。手入れが行き届かなくなってしまったためだ。
そんななかで、グリーンウッドは教育活動を通して、里山や棚田を少しずつ再生させている。
そして、失われつつあった循環型の生活様式に村人が気づき始めることで、互いに協力しあう関係ができあがりつつある。

炎のメッセージ⑬

地域活性化のど真ん中に「教育」を置け

「辻さんにとって地域活性化とは何ですか？」

最近、過疎化がすすむ離島や農山村からの講演依頼が相次ぐ。そういう講演会で決まって飛んでくる質問だ。

「学びあう場をつくることですね」

私は即座にそう答えることにしている。

私たちは、山村の「何もない」ことを逆手に取り、その「何もない」ことから生み出される教育力を体験活動に反映し続けてきた。その結果、山村にさまざまな活性化が促された。さらには、その活性化が体験活動の質を高めていく。

貫いたことは、この循環のど真ん中に「教育」を位置づけること。教育を中心にすえた持続可能な地域づくり。それは教育の生産性を高めることでもある。

山村が「生みだすこと」にひるんではいけない。もともと山村は生産の場なのだから。

2　山村教育　五つの「おきて」

グリーンウッドの25年の実践から、山村教育を進めていく際の課題を、私なりに五つにまとめてみた。過疎に悩む農山漁村の行政の人びとはもちろん、今後の地域づくりのヒントを得たい人、ＮＰＯや社会活動に興味のある青年の皆さん、そして教育の最前線にいる学校教員の皆さんは、ぜひ参考にしていただきたい。

その1　遠回りで近道せよ

最近は、「ないものねだりからあるもの探しへ」という言葉がよく聞かれるようになった。全国の地域づくり、なかでも農山漁村の地域づくりにおける地元学の発想である。その土地にないものを他地域にねだったところで何も生まれない。そこに労力をかけるよりは、その土地にあるものを探して磨いたほうが、遠回りなようでいて結局は近道なのだ。

ところが、この「あるもの探し」が案外難しい。

「こんなもののどこがいいんだ」「それをいいという感覚がまったく理解できない」

山村に住む人びとは、得てして自ら住む土地の文化や暮らしの知恵を否定的にとらえるからである。それは泰阜村でも同じことであった。そして多くは、もともと村に住んでいた「原住民」ではなく、いわゆるヨソモノである「新住民」が、その土地のよさや価値を発見する。もちろんヨソモノに任せてばかりもよくない。悪質なコンサルタントに食いものにされる場合だってある。

「泰阜村を見つめることなく、いくら他の村や町を見学しても無駄だ」

松島村長は村人に常々いっている。私も同感だ。

泰阜村は、風土や地理的な面でさまざまな条件不利を抱えている。それでも、足元を見つめる作業は村人自らが行なうべきだ。なぜなら、グリーンウッドの「新住民」が、「原住民」とともに、25年かけて村の教育力を見える化してきた成果は、そのなかから開花したからだ。自分たちの村のことは自分たちで考える。そのプロセスがもっとも重要なのだ。

その2　何もないからいいのだ

「山村は都市ではないから山村なのだ。都市に追いつけ追い越せはもう古い」

松島村長の言葉どおり、私たちは山村の暮らしの文化を守らなければならない。それを守ってこそ山村なのだ。だからこそ山村の教育力も発揮される。

泰阜村は、幸か不幸か、山岳地帯ゆえ大規模開発とは縁がないが、結果的に急激なモータリゼーションや都市化から暮らしの文化が守られてきた。

そして、暮らしの文化が守られてきた結果、山村教育が生業になりつつあり、教育活動を通して里山環境が変わり始めている。さらには、村を出ていった若者が戻り始め、若い女子大生までもが大挙して村に押しかけるようになった。泰阜村の不便さを厭わない人びとが、村に集まり、地域再生の活動を行なっている。なんとも夢のような話ではないか。

「何もないことが、何だってあるってことだ」

今は亡き、土岐止一《とめいち》さんが昔よく話してくれた。グリーンウッドの経営が一番苦しい時期を教育長として、そして一住民として支えてくれた恩人だ。今まさに、この言葉の意味をかみしめる。

「ない」からこそ「何でも生みだせる」。暮らしの文化を守っていけば、何かが生み出される。その豊かさを心の底から感じたい。

炎のメッセージ⑭　ないないづくしの豊かさ

泰阜村は、「何もない」貧しさを意識しながら、地域内の資源を総動員させて生き抜いてきた村だ。だが、見方を変えれば、「ない」というのは豊かなことでもある。なぜなら、いちから生み出し、つくり出し、工夫できるチャンスがあるからだ。

25年前、私たちは「招かれざるヨソモノ」だった。当時は、いっしょに活動する人もいない、活動資金もない、周囲の人からの理解もない、ましてや村人からの信頼もない。もともと裸一貫、文字通り何もなかった。

しかし、夢と強い想いがあった。「子どもの力」「自然の力」「地域の力」を信じること。この強い想いがあれば、「何もない」状況から「何かを生みだす」ことができると信じていた。

「ないことの豊かさ」を身体全体で感じながら、「生みだす」ことを丁寧に追う教育活動を今後も継続していきたい。

その3　やっぱり人を育てなければならない

暮らしの文化を守る。言葉ではわかっていても、これがなかなか難しい。

村に昔からあった生活技術などを維持することだけが暮らしの文化を守ることではない。それでは、もうその土地では使われなくなった「博物館に入るような生活技術」を守るようなものだ。それは原理的であっても生産的ではない。

暮らしの文化を守るとは、生活技術に潜む大事な想いや形にできない知恵などを、現代の暮らしのあちこちで生かしていくことではないか。そうして「新たな暮らしの文化」が生まれる。

たとえば、2010年にグリーンウッドが実施した泰阜村の教育力調査では「かんこう（勘考）する」という村人が共通して大事にしてきた考え方が浮かび上がった。「よく考えて工夫する」という意味合いだ。ワラ細工や狩猟、コミュニティ維持のあちこちで、「かんこう」することが大事とされてきたという。この「かんこう」という考え方を大事にする教育活動であれば、泰阜村の暮らしの文化を伝えることができるのだ。

昔と今は違う。現代社会に昔の暮らしを、そのまま当てはめても上手くいかないのは当たり前だ。先人の知恵や想いを失わないようにしつつ、それを現代の暮らしにアレンジしていくことができるような、そんな柔軟な考えを持つ人材を育てていきたい。

その４　金太郎アメよりご当地グルメ

教育現場では「いつでも、どこでも、だれでも」使えるパッケージプログラムが流行りだという。沖縄でも青森でも、子どもたちにはおおよそ同じ教育効果が出るらしい。

全国一律の教室のなかならばそれは効率的なプログラムだ。しかし、私たちの現場は山村という個性的な現場だ。どこでもいいのであれば、そもそも「山村」で実施する意味がない。

山村で行なう教育プログラムは、山村の暮らしの文化に内在する教育力を反映するべきだ。それは確かに手間暇かかる非効率的なプログラムかもしれない。だが、その「手間暇かかるところ」が肝心なのだ。

金太郎プログラムよりご当地プログラム。「だいだらぼっち」も「山賊キャンプ」も泰阜村ならではの内容になっているからこそ人気がある。

山村の教育力をきちんと活かした教育活動を実施すれば、参加者からも地元からも支持される。そうすれば山村にさまざまな活性化が促され、また教育活動の質を高めていくことにもつながる。要は、こうした豊かな循環を生みだすことができるかどうかだ。

その5　1万人の観光客より100人のファン

私たちは、経営的に自立できるよう挑戦を続けてきた。この挑戦を土台から支えたのは、自律（自立）的な村人の気風だ。

そして忘れてならないのは、それら「自立の挑戦」を支え続けた村外のファンの存在である。グリーンウッドと泰阜村の住民が願ってきたことは、1万人の観光客を泰阜村に呼ぶことよりも、100人の泰阜村ファンをつくることだ。

「だいだらぼっち」は、25年間で約400人の卒業生を輩出した。それは400家族という泰阜村ファンをつくり出したことになる。彼らは泰阜村に一生つきあってくれる良質なファンだ。

地域資源を総動員して村の未来をつくる。この精神自体は大事なことだ。しかし、1900人の村には限界があるのも事実だ。村の外にいる良質なファンに協力を仰ごう。

観光客獲得よりもファンづくりを優先した泰阜村。村人の自立への挑戦を支えるファンと協調しつつ、村の将来を村人が考え抜くという「自律の村づくり」が展開されている。

それが、村人の自律度を高め、都市の人たちをもひきつける。

・卒業生の親の声・わたしたちは泰阜村ファンクラブ

羽佐田和正　羽佐田浩泰（1992年卒業）・羽佐田直子（1991年卒業）の父　愛知県蒲郡市在住

「だいだら」に関わって20年。自分でもこんなに長く関わるとは思ってもいませんでした。なぜだろう……。私の子ども二人が「だいだら」に行ったのは1991年からそれぞれ1年間。2月のものすごく寒いとき、親子面接合宿で、初めて「だいだら」に行き、そのとき見た母屋に「こんなところで本当に、子どもは暮らしていけるのだろうか……」と不安に思いました。しかし現実に子ども、スタッフが生活していて、特に子どもたちの瞳が生き生きしていたのを覚えています。私の子どもは、1年間で家に帰りましたが、私はスタッフの誠実さと子どもの子どもらしさ、そして何もない風景に魅せられ、いつの間にか20年が過ぎました。

「だいだら」で不思議に感じていたのが、こんなにおもしろい所なのに、今までの記録が少ないことでした。私は、趣味で写真も撮っているので、子どもたち、スタッフ、親が一同に集まる「だいだら祭り」「ひきつぎ」の集合写真を撮れば、だいだらの人間の記録が残ると思い、撮り始めて今に至ります。また、泰阜村の四季折々の風景が気に入り、カメラを持って歩きまわりました。

十数年前、田本地区（集落）の文化祭に風景写真を出展しました。そのとき、田本の人たちが「田本も写真で見るとなかなかいいとこだなあ」と言って喜んでもらいました。それからは、私が写真を撮っていると「いい写真が撮れたかね」「文化祭を楽しみにしているよ」「よかったらお茶を飲んでいきなさい」「野菜があるけど、持っていきますか」と声をかけてくれるようになりました。そして泰阜の風景写真のカレンダーまでつくってしまい、これも田本の人びとに喜んでもらえ非常に嬉しく思いました。

私の子どもは親離れをして、浩泰は二人の子持ち、直子は東京暮らしでいまだ婚活中です。家族全員が集まれるのは、1年に1回か2回ですが、浩泰、直子とも「だいだらでは苦しかったことも多かったが、行ってよかった」と盛り上がります。

斎藤礼子　斎藤創《はじめ》（1991年卒業）の母　愛知県名古屋市在住

息子は泰阜村民となり「だいだらぼっち」で共同生活をしながら泰阜南中学校を卒業しました。実は息子は小学校4年の秋から小学校に行くのをやめ、遠いオルタナティブスクールに通っていました。進学をどうするか迷っていたのですが、新聞の連載記事で紹介されたのを読んで息子が行く気になってしまったのです。そのころの「だいだらぼっち」はあれこれ毎年試行錯誤しながら、子どもや親たち、そして地域との共同を試み格闘していました。私たち親は子どもの保護者として年に何回か、山道を登って「だいだらぼっち」の大きな母屋にたどり着いたものです。そこで出会ったさまざまな親たち、スタッフたちといっしょに食事をつくり、作業をし、夜更かししながらおしゃべりし、ときには名古屋で集まりました。

秋の感謝祭では子どもたちの劇が呼び物ですが、わが夫もお得意の歌を披露しました。しかし息子の「お父さん、歌よりも皿回しのほうが受けると思うよ」とのアドバイスに従って披露した皿回しは、大人気でした。息子にとっての「だいだらぼっち」での3年間は、その後の人生を切り拓く基礎をつくり、親にとっては付き合いの輪が広がり、伊那谷の自然に触れ心身をリフレッシュさせる良い機会となりました。

あれから20年。息子は高校へは進学せずしばらく親の手伝いをしたり、アルバイトをしたり、各地を旅したりしながら、何かにつけて「だいだらぼっち」に通っていました。キャンプや薪割りなど、よくお手伝いに駆りだされました。また、同級生の親が病気になり農作業ができなくなったときには、住み込みで応援に行きました。紆余曲折した後、今では事務機や厨房機器・工具のリサイクルショップの社員として電気工事や内装まで手掛け重宝がられているようです。そして息子が仕事に忙しくなったころから、親の私たちがよく出かけるようになりました。ここ10年ほどは、「だいだらぼっち」の一角に草來舎を構える陶芸家夫婦が名古屋で個展を開くときには、我が家を常宿としてもらい、「だいだらぼっち」からの風を運んで来てくれるのが楽しみです。これからも、親戚づき合いをよろしくお願いします。

中澤好夫　中澤岳人《がくと》（1998年卒業）の父　群馬県安中市在住

長男の岳人が小学6年生の1995年の秋、妻が見つけた新聞広告を手に、親子3人で長野県泰阜村を訪れたときには、ダイチ（辻英之のキャンプネーム）の「夢を持ってこい」に岳人は応えられるのかと疑問を持っていました。3人の姉がいてすぐ上の三女とも6歳離れていましたので幼少の折から家族皆からかわいがられて育っていたからです。泰阜中学に野球部をつくるという夢で面接も通り、中学1年になった当初はホームシックで泣いていた岳人が、その後、野球部創部に加わり、「だいだらぼっち」で3年間お世話になったと思ったら高校は群馬県尾瀬高校自然環境科にホームステイで3年間通学し、大学は北海道で4年間過ごし、とうとう実家には戻らないままになってしまいました。

これも今から思い返すと自然な道のりであったように思われます。親の目から見て当時の「だいだらぼっち」の建物は冬の寒い時期でも窓から風がすうすう入り部屋には暖房もなく、食事は子どもたちでつくり、薪を割って風呂を焚き、登り窯で食器を焼くという生活に耐えられるのか疑問でした。しかし、私自身、田植えや薪割りそして焼き物づくりを体験し、だいだら祭を見て感激し、村長さんや村議会議員の方々と意見交換をし、スタッフや父兄と夜酒を飲み、熱い議論をしているうちに、すっかり「だいだらぼっち」の魅力に取り付かれていました。姉弟で一番弱いと思っていた岳人がサバイバルでも生きていけるぞと見直すようになっていました。別の表現をすると私の価値観を変えてしまったのです。

受験勉強に勝ち抜いて大企業に入り安定した仕事に就くことが人生の成功の道と考えていたのが、自分のしたいことをやれ、勉強はしたければ大学まで行かせるが、したくなければ、中学卒業後仕事に就いてもよいと子どもたちに明言するようになったのです。その後は、親としての意見は言いますが、学校の選択も就職も結婚も本人の意思を尊重するようになりました。お金はあるのに越したことはありませんが、自分の一度しかない人生を悔いのないようにやりたいことをやれと言うようになったのです。ダイチの言った「夢を持ってこい」につながっています。二女もだいだらぼっちをテーマに卒論を書いたりと家族それぞれ影響を受けましたが、一番影響を受けたのはこの私だったかもしれません。

松岡茂雄　松岡春菜（2008年卒業）の父　大阪府高槻市在住

長女の春菜が2004年、小学校5年生から中学校3年までの5年間もお世話になりました。スタッフの方々や泰阜村の村人の方々から慈しみ、育んでいただきました。本当に感謝しても、感謝し尽くせないです。ありがとうございました。

「でも実は、山村留学には反対だったんです」

と、いいますのは、自分の理想として、親が子を自ら育てることが当たり前だと思っていましたし、また、どうして平穏無事な生活をしていた長女が、家族と離れ、あえて見知らぬ土地で1年間を過ごすのか、とても不思議でした。そのせいで1、2年目の私は、だいだらぼっちに対して素直になれず、あまり顔も出しませんでした。

また、長女が中学生になっても山村留学を継続したいと言い出したときは、さすがに参りました。小学校を卒業したら家に戻る約束でしたし、冬休みに部屋の配置転換までして、新生活の準備をしていたのに……。

ここは思い切って気持ちを切り替えることにしました。「春菜が楽しむなら、自分もここで楽しもう！　スタッフの皆さんと交流したり、だいだらぼっちのお手伝いをしよう」と考えるようにして、子どもたちやスタッフや保護者の皆さんとコラボしながら、夢や希望を語り合い、絆を深めたのは3年から5年目のことでした。

その頃の春菜はといいますと、父親との会話がDOWN？　なおかげで、学校の成績がUP、視力がUP、ものづくりに対しての創作意欲がUP、女子テニス部の部長にUP（昇進）と、軒並み活動力がUPしておりました。

「最後には、山村留学には大賛成、大成功でした」

3　きょういく立村の挑戦

四半世紀でここまで来た

都市部を機軸とした経済・教育政策によって、過疎農山村の二つのものが失われつつある。一つは、教育のありようを地域に住む人びとが決めていく「教育の自己決定権」。もう一つは、地域住民が少ない資源を持ち寄って地域課題を解決する「支え合い・共助の仕組み」だ。

グリーンウッドは、「だいだらぼっち」の山村留学から始まり、「山賊キャンプ」の成長を通して、「あんじゃね支援学校」の充実という到達点を迎えつつある。「あんじゃね支援学校」は、この失われた二つのものを取り戻すことを通した地域再生の取り組みでもある。

「あんじゃね支援学校」のメンバーは、業種や役職といった壁を超え、今自分ができることや提供できることを会議に持ち寄っている。それは、「支え合い・共助の仕組み」が、子どもの教育を通して、豊かにつくり直されていくきっかけでもある。

多様な分野の人が集う横の広がりだけではない。小学生対象の「あんじゃね自然学校」をどうするか、という議論は、次にさまざまな年齢層が関わるという縦の広がりも生み出した。そして中学生や幼児の参加機会を増やし、近隣の高校や飯田市の大学生にもボランティア参加を呼びかけている。さらに、20代の若者で構成される村の青年団が、子どもの体験活動を企画運営。30代、40代の階層を対象に「大人のあんじゃね学校」を実施しようという意見も出てきている。

村の人びとが、横にも縦にも手をつなぎ、そして時を超えても手をつないで、村の子どもの教育について、知恵と力をあわせるようになりつつある。それは、「教育の自己決定権」を取り戻す作業にほかならない。

今後も山村が持つ教育力を信じぬき、村人が「支え合い・共助の仕組み」を豊かにつくりなおし、「教育の自己決定権」を発揮できるよう努力していきたい。

「あんじゃね支援学校」は、いつか「あんじゃね自然学校」の体験活動をどうするか、ということを議論する役割を終えるだろう。そして「あんじゃね自然学校」も含めた、村の子どもの教育全般について協議する役割をもつ「泰阜村の教育を考える協議会」のようなものに質的に発展させていきたいと思う。

日本初の「教育で立つ村」

今は、親の経済力の違いによって子どもの学力に差が出る時代だ。親の収入が高いほど、子どもの学力が高いという相関関係が明らかになった。

泰阜村は、「何もない」といわれる状況のなかで、地域内の資源を総動員させて生き抜いてきた村だ。それは、常に都市部との格差との闘いを強いられてきたことを意味する。

村には高校がない。村の子どもは高校生になるとき、何人かは村を離れて下宿生活を始める。大学生や専門学校生になるときは、ほぼ全員が村を離れることを余儀なくされる。学費に加えて下宿費・生活費がかかることには選択の余地がない。村の経済状況をみれば、村の人びとの収入が都市部と比べてどうかということは推して知るべしだろう。その収入のなかで、子どもの教育費を捻出しなければならない。それが山村の現状だ。

この「格差」について、私たちは真正面から向き合いたい。「あんじゃね支援学校」が発展的に協議会になったあかつきには、村の子どもたちの教育振興を目的とした「やすおか教育基金（仮称）」というコミュニティファンドを立ち上げたいと考えている。運営は村人自身が行なう。要はお金の使い道を住民自身が決めるのだ。

使い道はさまざまだ。村外の高校や大学に通うための経費に充てる。奨学金ではなくても補助金でもいい。村内の子どもの体験活動のための経費に充てる。費用負担能力のない家庭の子どもが山村留学に参加する際の補助金に充てる。村の公立小中学校の教員を住民が雇うなど、夢はひろがる。

全国には、私たちにさきがけて「基金」を運営している地域がいくつかある。そこには守るべき希少生物や湿原や建築物があるからだ。では、泰阜村の場合のそれは何なのだろう。

それは最終的には「人」ではないだろうか。村に住み続けてきた人、今住んでいる人、そしてこれから住もうとしている人だ。この村が守るべきものは、村の風土と教育尊重の気風によって生みだされた「人」だ。

それを守るために村内外から基金を募る。それが難しいのは承知のうえだ。しかし、泰阜村ならできると信じている。基金を募り運営する「支え合い・共助」、そしてその使い道を決める「自己決定権」を、ここでも発揮していきたいと強く願うのである。

それは、泰阜村が教育によって立つことを意味する。周囲と協調・連携しつつ、自発的に責任ある行動をとることが「自律」だ。その意味では、「教育立村」ではなく「教育律村」というべきものなのかもしれない。

不合理・非効率の名のもとに切り捨てられてきた小さな山村が、「教育」をど真ん中に据えた持続可能な地域づくりを目指すという、大きな挑戦が始まる。

炎のメッセージ⑮　世界に誇る高学力の村

学力テストのように定量化できる従来の「学力」は、「個人が所有する学力」といえる。それは、社会で生き抜くためには必要なものだ。しかし、いくらテストの点数が高くても、その「学力」が、他人を蹴落として自分が受験合格するために、そして出世のために使われるだけでは意味がない。「体力」も同じだ。体力テストや運動能力の点数がいくら高くても、その体力がいじめや暴力に使われたとしたら本末転倒だ。

こうした「学力」や「体力」には、所有した知識や技能を他人のためや社会にどのようにいかすのかという視点が欠けている。極端なことをいえば、現在の学校教育を受ければ受けるほど、自分のことだけを考える人間になる。

所有した「学力」や「体力」を、自分のためだけに使うのではなく、世のため人のために使って初めて、意味のある本質的な学力となるのだ。それは「他者との関係を豊かにする学力」ともいえる。

泰阜の山村教育では、「個人所有の学力」の視点からいえば「低学力」かもしれないが、「他者との関係を豊かにする学力」の視点からいえば「高学力」の子どもを育み続けてきた。生活のなかで獲得される学力・体力の価値を見落としてはいけない。

山村教育で東日本を支えよう

「川で思いっきり遊びたい」

福島市から来た被災児童のレイ（小6）が元気に言った。グリーンウッドでは泰阜村と協力し、東日本大震災の被災児童を「だいだらぼっち」で受け入れている。

「原発の放射線が怖いから、土に触るな、草花は見るだけ、深呼吸するな、水に潜るな」。自然との接触を断たれた福島の子どもたちは、いったいどんな成長を遂げてしまうだろうか。

「放射能汚染の影響で子どもが自由に外で遊べない。成長したときに何らかの影響が出る心配もあった」と、愛娘を預ける決断をした父親も強く心配していた。

２０１１年3月11日。本書の執筆中に、東日本太平洋沖大地震が発生した。遠い南信州でも、軽い船酔いを起こすかのようなゆっくりとした長い揺れを感じた。

やがてテレビの映像を通して、東北の沿岸漁村が根こそぎ波にさらわれた様子を目の当たりにした。同じく農山漁村に住む者として他人事にはできない。いつも犠牲になるのは、より弱いものだ。それは子どもであり、老人であり、障がい者であり、へき地農山漁村だ。

私はすぐに松島村長に連絡をとった。

「村で避難民を受け入れてはどうか。そして子どもだけでもというニーズがあれば、『だいだらぼっち』で受け入れる。どうだろうか」

村長は、即答した。

「泰阜村ができることは限られている。村は義損金を出すよりも避難民や子どもを受け入れる。グリーンウッドの出番だろう」

わが意を得たりとはこのことか。義損金をいちはやく出したり、避難民の受け入れをよりはやく表明することも大事だが、身の丈にあった支援を地道にすることが泰阜村の支援策であった。

泰阜村で25年間育てられたグリーンウッドは、今回の震災を自分事とし、泰阜村が大事にしてきた「支え合い」や「お互い様」を土台にした独自の支援を行なうことを決意した。

身の丈にあった支援。それは「教育活動を通した支援」だ。すぐにでもグリーンウッドの若いスタッフや泰阜村の青年団を被災地に送り込み、瓦礫撤去のボランティアに行かせたいとも思った。しかし、私たちの身の丈はそれではない。私たちにできることは、被災した子どもを受け入れて教育活動を実施することと、スタッフ一同合意に至った。グリーンウッドはこれまでも、度重なる災害に対して、子どもに関わる支援を続けてきたからだ。

1995年の阪神・淡路大震災では、3人の被災児童（西宮、芦屋、神戸の小学生）を3年間、「だいだらぼっち」で受け入れた。生活と教育はグリーンウッド、学校は地元小学校、サポートは地域住民、経費は村が全額負担するという、村をあげての受け入れ体制で長期の支援を続けた。

1997年、私の故郷である福井県三国町沖で転覆した重油タンカー事故では、「だいだらぼっち」の子どもが中心となり、村人とともに数回にわたり猛吹雪のなかで油を掬った。その際に、「神戸の恩返しや」と、村で受け入れた阪神・淡路大震災被災児童も参加してくれた。

2004年に起こった中越地震では、「だいだらぼっち」の子どもが、新潟県長岡市に雪かきボランティアに行った。翌2005年夏には、村で実行委員会を組織し、長岡市の小学生と同じく北陸の集中豪雨で被災した福井県美山町の小学生を山賊キャンプに招待。泰阜村の小学生と合同自然体験教育キャンプを実施した。このキャンプには、阪神・淡路大震災のときに被災児童として受け入れた「だいだらぼっち」の卒業生が、大学生リーダーとして参画している。

被災した子どもが、時を超えて被災した子どもを支援する。これを可能にしたのは、グリーンウッド単独での支援ではなく、NPOと泰阜村行政や地域住民との連携・協働による支援の賜物だと思う。

長期にわたる支援は、被災した子どもにも受け入れた側にもさまざまな意味で苦痛が伴う。この経験と実績を持つ私たち泰阜村の人びとは、村の人材・資源・自然・文化を総動員して、東日本大震災でも「だいだらぼっち」受け入れや、「山賊キャンプ」招待などの支援を行なうことにしたのだ。

出番です！　泰阜村の教育力

しかし、南信州で「受け入れますよ」と叫んでも、被災地から子どもがやってくるわけではない。一時期とはいえ、子どもを手離すことには大きな不安を抱くのは当たり前のことだ。大事なことは、被災地の人たちと信頼関係を築くことである。

私は福島、宮城、岩手と、被災地に何度も足をはこび、被災地の人たちと対話を重ね、信頼を積み重ねてきた。この過程は、まるで25年前にヨソモノの私たちが泰阜村の人たちに理解と信頼を得る過程そのもののようだった。

結果的に3月下旬には、地震による液状化の激しかった千葉県我孫子市から姉妹二人が「だいだらぼっち」へ参加することが決まった。「千葉から？」と思うかもしれない。しかし、小学5

年生の妹は学校での大きな揺れに恐怖を感じ、その後は学校に行けなくなってしまっていた。小さな胸に刻まれた傷は、被災地の場所や被害の規模を選ばないのだ。

今では、余震のない生活に安堵しぐっすり眠れている。そして「だいだらぼっち」の仲間や泰阜村の子どもたちに囲まれて、元気に過ごしている。

6月には、放射線量の高い福島県福島市から小学6年生の女の子が参加。「だいだらぼっち」での長期受け入れは、合計3人となった。村の小中学校も全面的に協力している。この3人の笑顔は、底抜けに明るい。その笑顔を見ていると私まで頬がゆるむ。

さらに、夏の山賊キャンプには福島県いわき市、郡山市、田村市、二本松市、福島市、伊達市、鮫川村から47人の子どもたちを招待した。往復の送迎バスを担当する教育委員会、子どもたちに野菜や米を寄付する村人、キャンプを応援する村外の泰阜村ファンなど、まさに泰阜村総動員で被災地の子どもたちを支えている。

信州の小さな村が、東日本の小さな地域を支える。しかも長期的に。「共助」と「支え合い」の泰阜村の本領発揮ではないか。

自然の猛威におびえきった東日本の子どもたちに、自然との接触を断たれてしまった福島の子どもたちに、もう一度自然の素晴らしさを伝えたい。失われた小さな集落の底力を、もう一度子どもたちに伝えたい。そして全国の子どもたちに、過酷な状況に陥ってもなお、周囲の人と協調をとりつつ生き抜くための「支え合いの気持ち」を育成したい。子どもたちとともに希望・未来

泰阜村の豊かな自然とあたたかな人びとに包まれて、
東日本大震災で被災した子どもは元気に過ごす

を語りたい。そう強く願っている。

山村留学やキャンプを経て、泰阜村の教育力に包まれた東日本の子どもが、被災地へ帰ってゆく。彼らが被災地の未来をつくるのだ。そして彼らが日本の未来をつくるのだ。

国の土台が揺らぐ危機的な状況が続くとき、それは今後の国をどうつくるのかという契機でもある。今こそ、泰阜村の教育力の出番だ。村の教育力が、被災地の地域再生の役に立つ。そして全国の地域再生に役に立つときがきている。

震災支援は、決して被災地への支援だけではない。従来、日本社会、特にへき地農山漁村が持っていた「支え合い・お互い様」の構造を、もう一度紡ぎ直し、再び安心な暮らしをつくる、広義でいう日本社会再生の取り組みなのだ。

炎のメッセージ⑯　支え合いから生まれる「自律」の心

「自立支援」の名のもとに、老人や若者、母子家庭、そして子どもにも「自立」が強要されるような、いわば新自由主義的な政策が実施されてきたことは記憶に新しい。「個人の能力を高めて自立せよ」と迫る政策は、要は「自分が強くなる」ことが「自立」の道だという。

しかしどうも腑に落ちない。長年にわたり山村留学やキャンプを続けてきた私にとっては、個人の能力にスポットをあててそこをいくら強化しても、それは本質的な自立とはいえないのではないか、という思いが常につきまとう。

25年間見続けてきた子どもの姿は、決して「強い個人」同士が力をあわせる姿ではなかった。むしろ、思い通りに進まないことに腹を立てたり、自分のことを自分で決められなかったり、仲間のことを思いやれないといった「弱い個人」の姿だ。そんな「弱い」子どもたちであっても、支え合い、認め合う仲間が「そこに存在する」という安心感のなかで、確かに成長していく場面を見続けてきた。

子どもたちが自分の想いを表現し、しっかりと言葉に発することができるのは、周囲に「支えられている安心感」があるからだ。「支えられている、認められている、応援されている」ということを、子どもたち自身が実感できる「場」や、実感できる「周りとの関係性」が、今は本当に少ない。その実感と安心感があれば、周りを支え、認め、応援することを自らできるようになるだろう。

同じことは、子どもだけではなく、およそ生産能力が低いと言われてきた老人や障がい者、ひいては山村そして被災地などにもあてはまる。

「支え合い」のなかから滲み出るように生まれる確かな「自立心」。それこそが「自律」ではないか。この国にはそれが欠けている。

山村から日本の教育を覆す

いつの日か実現させたい夢がある。それは、泰阜村の子どもを、山村留学させることだ。そう考えるようになったのには、二つの理由がある。

一つ目は、5年前、ドイツの社会教育実践を視察したときに知った「生産学校」の実践である。そこでは、都市部の若者が郊外や田舎で共同生活をして職業前訓練をするというものだ。

驚いたことに、若者の参加費用は若者の出身地である大都市（ベルリンやミュンヘン）が負担するという。なぜそうなのか、運営責任者に聞いてみた。

「なぜそれを聞かれるかが理解できない。本来ベルリンやミュンヘンが責任を持つ若者の教育を、郊外や田舎の町にお願いしているのだから、大都市が経費負担するのは当然だろう」

私は頭を殴られた思いだった。

日本の山村留学の場合、たとえば大阪市の子どもが「だいだらぼっち」に参加したとしても、大阪市は知らんぷりだ。それどころか「子どもが減って困る。引き抜きのようなことはやめてほしい」と、公然と言い放つ自治体さえある。子どもを送り出す自治体は、山村留学に参加する子どもたちにこれっぽっちも責任を持たないのだ。持つとすれば転出手続き程度だろう。

二つ目の理由。「だいだらぼっち」は25年かけて、400人以上の卒業生を輩出してきた。「だいだらぼっち」の1年の成果は、子どもたちが自分の本拠地（家族のいるところ）に戻ってこそ発揮される。1年間の山村での暮らしが、その後の生活や周囲との人間関係、地域に生かされる。それを25年見続けてきた。

ならば、なぜ私は泰阜村の子どもこそ、1年間「違う場所」へ留学させないのか。私は「1年間の旅をさせることが、その子どもの人生に大きな成果を与える」と信じている。だからこそ、「泰阜村の子どもこそ留学させるべきではないのか」と考えるのだ。

小中学生のうち、留学を希望する子どもには、1年間だけ村が経費負担をする。もちろん希望しない子どもがいてもよい。留学制度は、あくまで自主的・自発的な判断が必要で、行政はその自主性を経済的に支援するべきというのが私の考えだ。

ただし、「違う場所」といってもどこでもいいわけではない。趣旨に賛同する地域が連携する。たとえば海のある漁村、大平原の農村、絶海の孤島、都市部だっていい。もちろん、国外の地域でもかまわない。10カ所の地域が趣旨に賛同すれば、その地域間で交換留学だって可能だ。泰阜村の子どもは、一人は北海道、一人は島根県、もう一人は沖縄の離島。その替わりに泰阜村に来る子どもは、四国から一人、福島から一人、富山から一人というように……。

問題は、「オラが村のオラが学校の人数だけ増やしたい」という考えと訣別しなければならないことだ。残念ながら交換留学は、その村の子どもの人数を増やすことにはならない。しかし、1年間、さまざまな地域の生活を体験した子どもたちが本拠地に帰り、「これからどんな学校にしようか」「どんな地域をつくろうか」と考えるようになるのであれば、おつりがくるのではないかと思う。

この考え方は、日本の教育行政の考え方を根底から覆す。小さな地域同士が、県境を越えて教育の質を高めるために協働する。小さな地域が発揮する教育力をもっともっと束にしよう。小さな村の教育力を、オールジャパンで発揮させたい。

義務教育9年間に、希望する子どもは1年間だけ国費で国内交換留学ができる。そんな大胆な教育行政を文部科学省に求めるのは無理だろうか。無理ならば、地域と民間主導で進めればよい。これはグリーンウッドの今後の課題の一つにもなるだろう。

小さな地域同士の「支え合い・共助」、そして小さな地域の子どもの教育は小さな地域の住民が決める「自己決定権」の発揮だ。小さな山村の底力が、日本と地域の教育を再生する。

我々が守るのは「村」ではない

1994年、泰阜村役場職員であった松島貞治氏が村長選挙で初当選した。若い役場職員の挑戦に、「若者の無謀だ」と横目に見ていた村人もいたが、同時に「このままではいけない」という変化への期待も寄せられていたのだろう。

強力なリーダーシップを発揮した松島村長は、高齢者の在宅福祉政策を「支え合い・共助」の仕組みと位置づけ、「自律の村づくり」を進めてきた。そしてこの村がもともと持っていた「自律の精神」を村人に呼び起こす作業を丁寧に地道に続けた。「何もない」と村人自身がさげすむ村だが、「何もない」ところにこそ価値があるんだと、都会に追いつけ追い越せではこの村の価値は発揮されないと、粘り強く主張する。

そんな松島村長が、「平成の大合併」の論議の最中に、「朝日新聞」（2007年10月16日付）の取材に次のように答えた。

「我々が守るのは村ではない。どんな体制で仕事をしようが、地域のことは住民が決める自己決定権を手放さないことだ」

合併してよくなる地域であれば合併すればいい、しかし合併して悪くなる地域は合併しないほうがいい。至極当然の話だが、国策を前にしてはその当然のことも貫くことは難しい。だが、泰阜村は合併反対を貫きとおした。

平成の合併の特徴を、小さな地域の住民が政策決定に関わる場がどんどん遠のくことにあると見抜いた松島村長は、「政策決定の場が遠くなるのであれば、合併すべきではない」と村人に訴えた。その結果、2003年の「合併に関する住民意識調査」では、村人の6割以上が「この村で自立したい」と願い、「為政者に任せる」の2割をあわせれば、実に8割以上の村人が自立という選択肢を選んだのである。

ところで1994年といえば、私がグリーンウッドに参画したころで、経営が最も苦しかった時期だ。グリーンウッドの成長の歩みは、松島村長の村政運営の歩みと一致する。私たちにとって、小さな村の強きリーダーとの出会いは、グリーンウッドが成長する大きな要因の一つになっ

お隣の「まるやのおばあま」といっしょに。ご近所どうしで支え合って生きていく

たことは確かだ。

松島村長のもっとも感心することは、「持続可能な社会づくり」についての教育を、村人に対して実行していたという点だ。

「教育」の語源は諸説あるが、通底するのは「力を引き出すこと」。私たちグリーンウッドは、「子どもの力」「地域の力」「自然の力」を信じ抜き、子どもの力を引き出し続けてきた。それが結果的に地域の力を引き出すことにもつながっている。

松島村長もまた、「村の力」と「ヨソモノ」の力を信じ抜いたのではないか。ヨソモノの力が引き出され、そして結果的に村の力も引き出されることになった。

泰阜村の人びとが守るのは「村」ではない。泰阜村が大事にしてきた「自律の気風」をこそ守るのだ。それは、地域住民が少ない資源を持ち寄って地域課題を解決する「支え合い・共助の仕組み」と、地域の教育のありようを地域に住む人びとが決めていく「教育の自己決定権」だ。

グリーンウッドの25年の歴史を振り返れば、そこには泰阜村の人びとやリーダー、そして村を支える村外のファンが協働してつくりあげた歴史があった。その歴史の過程から学んだことを、次のリーダーとともに、未来の村づくりに生かさなければならない。

この村が「教育」によって自律するときが、もうそこまできている。

・村長の声・

山村教育で立つ

松島貞治（泰阜村村長）

泰阜村で生まれ、泰阜村しか知らない私のような村民を、「原住民」、村外から来てグリーンウッドで働くような村民を、「新住民」と呼んでいるが、原住民は、泰阜村の暮らしは、遅れていると悲観して生きてきた。その泰阜に、あるがままの資源を活用し、どんな状況でも生きていける生活の知恵が詰め込まれていることなど考えたことなどなかった。しかも、自然と共生するという環境にやさしい暮らしである。そのことを「遅れている」と感じてきた我々と、その暮らしにこそ「価値がある」と認めたグリーンウッドのスタッフとの違いを埋めることは、大変なことだったと思う。

東京に追いつけ、追い越せが高度経済成長下での地域政策の柱であり、泰阜村も例外ではなかった。東京と違うから泰阜の価値がある、何もない泰阜でなく、何もないなかで暮らしてきたそのことに価値がある、ということを、私も含め、村民が気づく時間と彼らが市民権を得た時間と同じだったということになるのか、これが今の感想である。

グリーンウッドの歴史を振り返っているとき、東日本大震災が発生した。被災地域のことを思うと、言葉も出てこない。これだけの大災害、泰阜村がどんな応援ができるのだろうか。そのとき、思い出したのが、阪神・淡路大震災で被災された子どもたちをグリーンウッドが暮らしの学校「だいだらぼっち」に受け入れたことだった。財政力も乏しい山村らしい支援、それは、自分達の体力の範囲で、一過性でなく長期にわたって支援すること、と判断した。

今回もグリーンウッドがすぐ動き出した。夏の「山賊キャンプ」では、47人の福島の子どもたちを招待することができた。「だいだらぼっち」の長期受け入れは、10年くらいの支援が必要とも考えている。民間が現場を担当し、村は、財政支援をする。義援金と違って、村民も目に見える形で支援を実感できるという理想的な形が実現した。これもグリーンウッドのこれまでの努力の積み重ねがあったからこそと思う。

今、私は団塊世代が消える30年後も存在する泰阜村を、ということを目標にしている。ひとつひとつの家が継続されることが理想であるが、少子化の時代、すべての家に期待できない。とすれば、それを担う人さえいれば、継続できるような「仕組み」が必要である。その見本が、この山村に何の手を加えることなく、それを資源として利活用している、このグリーンウッドなのだ、と考えている。それが大震災の支援にまでつながっているのだから、これは本物と思う。彼らにふさわしい言葉は、「身の丈にあった」であるが、実は、泰阜村もこれからは、背伸びをしないでいこうと考えている。

おわりに

「辻君、わしゃ、生まれ変わったら教師になりたい」

木下さんのこの言葉を聞いたとき、私は魂が揺さぶられた。

いっしょに仕事をし終えて、村人の仲間入りができた感覚に陥ったからだと思う。そして同時に、山村教育の限りない可能性を感じたからだと思う。

私は福井県に生まれた。戦災、震災、豪雪、豪雨と災害が多い土地柄の福井は、その都度よみがえり「不死鳥の街」と言われた。この街は私に「あきらめない心」を教えてくれた。

大学時代は札幌で過ごした。運動ができる子どもより「できない子ども」に主眼を置く学問(体育方法論)との出会いと、児童養護施設での家庭教師のボランティアは、私に「小さな力を信じる心」を教えてくれた。

そして大学を終えてすぐに泰阜村に移住した。体育の教員になる前に、学校の外にある学びの場を2年ほど研修したいと思ったが、そのまま18年がたった。「何もない」山村に住む人びとと風土が発揮する不屈の精神と豊かな支え合いの文化は、私に18年かけて「あきらめない心」と「小さな力を信じる心」を大きく、そして強く育ててくれた。

創成期のスタッフの教育観と粘り強い実践力。若いスタッフの価値観とみなぎるパワー。未来を生きる子どもの力。そして泰阜村の自然と人びととの暮らしが持つ包容力と教育力。

それらの力と価値観を信じ抜き、あきらめずに実践を続ければ、泰阜村の山村教育が日本を再生する切り札になるのではないか。そんな可能性を心の底から感じるのだ。


梶さち子と大越慶が泰阜村に来て25年の月日が流れた。いわゆる「ヨソモノ」が実施する教育活動に対してなかなか村人の理解を得られない時代や、経済活動が伴わずドン底を這いつくばって過ごした時代もあったが、地道な教育活動を続けることにより、徐々に村内外の理解や評価が得られるようになった。

従来の経済指標では、生産性が高いとはとても考えられなかったへき地山村において、私たちの実践が職場としても認知されるようになると、若者が全国からスタッフとして参画するようになり、いまや雇用スタッフを多数抱える村内でも大きな規模の事業体に成長した。

18年前の状況から考えれば、夢のような話だ。

2009年、私はグリーンウッドの代表理事を村上忠明からバトンタッチされた。まだまだ最後の責任をとるには分相応ではないかもしれない。しかし、私は18年間、最前線で身体を張り、先輩スタッフを下支えし続け、グリーンウッドの成長の一翼を担ってきた自負がある。そのなかで、食えない状況に果敢に立ち向かう村上忠明の姿、母屋建て替えに際して涙を流して苦渋の決断をする梶さち子の姿、苦しいときにも子どもに真摯に向き合う大越慶の姿、そしてどんなに苦しくとも常に明るく振舞う村上由紀の姿を、一番近くで見続けてきた。

右も左もわからない世間知らずの若者を、我慢強く育ててくれた先輩スタッフと、それを支え続けてきた「だいだらぼっち」に参加する卒業生や保護者のみなさんに、まずは心から感謝したい。

そして、松島貞治村長や木下藤恒村議会議長、遠山信義教育委員長をはじめとする泰阜村のみなさんには、子どもの未来のために教育を尊重する強く尊い意志を、若輩者の私にたたきこんでいただいた。改めて心から感謝する次第だ。

今後も、井戸を掘っていただいた先輩スタッフや、苦しいときにこそ支えていただいた多くのみなさんの気持ちを胸に刻み込み、泰阜村の山村教育が日本を代表する教育になるよう、自分のすべてを懸けて生きていきたいと強く思う。


本書を書くにあたり、本当に多くの人の協力を得た。泰阜村のみなさんと、「だいだらぼっち」の卒業生や保護者のみなさんには、嫌な顔ひとつせずコメントを寄せていただいたり、お忙しいなか取材を受けていただいた。事務局長の齋藤新を筆頭にしたグリーンウッドのスタッフ仲間には、写真選定や資料づくりの協力を得たり、何より執筆に専念する環境を与えていただいた。特に企画段階では佐藤陽平の労によるところが大きい。

まさに本書は、私を支えていただいた多くの人びとの「持ち寄り」で刊行される。「だいだらぼっち」の子どもたち、スタッフであり私の妻である辻典子と私の家族、そしてここに名前をあげることのできない多くの人びとを含めて、執筆活動を支えていただいたみなさんに、心から「ありがとう」と言いたい。

そして最後になったが、農文協の担当者である蜂屋基樹さんには、宮城県塩竈市にあるご実家が東日本大震災で被災されご心痛が重なるなか、幾度となく打合わせを行なっていただき、遅筆の私を粘り強く激励いただいた。心の底から感謝申し上げたい。

二〇一一年一〇月吉日

NPO法人グリーンウッド自然体験教育センター代表理事　辻　英之

◉コラム執筆者

池田龍介（NPOグリーンウッド自然体験教育センター／部長）
井野春香（NPOグリーンウッド自然体験教育センター／主任）
西尾奈央美（NPOグリーンウッド自然体験教育センター／主任）
野田恵（協同総合研究所／研究員）
松島貞治（泰阜村村長）
水田翠（西宮市立高須小学校教諭）
村上忠明（NPOグリーンウッド自然体験教育センター／特別代表）

◉取材協力

泰阜村のみなさん
暮らしの学校「だいだらぼっち」卒業生・保護者のみなさん
NPOグリーンウッド自然体験教育センター関係者のみなさん
（執筆者は五十音順）

◉編著者

辻　英之（つじ　ひでゆき）

NPOグリーンウッド自然体験教育センター代表理事。1970年福井県生まれ。北海道大学教育学部を卒業後、1993年に長野県泰阜村にIターン。2001年にNPOグリーンウッド自然体験教育センターを設立。へき地山村に根ざした教育活動を進める傍ら、立教大学、飯田女子短期大学の非常勤講師を務め、山村教育や地域づくりの講演などで全国各地を飛び回る。

NPO法人グリーンウッド自然体験教育センター
〒399-1801　長野県下伊那郡泰阜村6342-2
TEL　0260-25-2851　FAX　0260-25-2850
http://www.greenwood.or.jp
E-mail　info@greenwood.or.jp

奇跡のむらの物語
1000人の子どもが限界集落を救う！

2011年11月25日　第1刷発行
2022年 8 月15日　第7刷発行

編著者　辻　英之

発行所　一般社団法人　農山漁村文化協会
郵便番号　107-8668　東京都港区赤坂7丁目6-1
電話　03(3585)1142(営業)　03(3585)1145（編集)
FAX　03(3585)3668　振替 00120-3-144478
URL　https://www.ruralnet.or.jp/

ISBN 978-4-540-11106-8　DTP制作／ふきの編集事務所
＜検印廃止＞　印刷・製本／凸版印刷(株)
© 辻英之 2011
Printed in Japan　定価はカバーに表示
落丁・乱丁本はお取り替えいたします。

農文協・図書案内

里山っ子が行く！
文・斉藤道子　写真・岡本央

子どもが育つカギは、50年前の農家の暮らしにあった。古民家と周辺の田畑、森を舞台に、年間60日の「里山保育」を実践する木更津社会館保育園の挑戦。

1400円＋税

野山の名人秘伝帳
かくまつとむ著

ウナギ、自然薯、山菜、キノコ……。自然の恵みを生かし切る農山漁村の暮らし。生業として伝承されてきた知恵と技の数々を豊富な写真とイラストで紹介。

1900円＋税

山で暮らす 愉しみと基本の技術
大内正伸著

木の伐採と造材、小屋づくり、石垣積みや水路の補修、囲炉裏再生など山暮らしに必要な仕事の技とコツを、詳細なカラーイラストと写真で紹介。

2600円＋税

復刊 自然の観察
日置光久・露木和男・一寸木肇・村山哲哉　編著・解説

日本の「センスオブ・ワンダー」と呼ばれる幻の名著が現代表記で復刊。身近な里山の自然にふれ、子ども自ら発見する活動を具体的にシミュレーション。

4700円＋税

場の教育
岩崎正弥・高野孝子著

石川三四郎、江渡狄嶺、三澤勝衛をはじめとした明治以降の「土地に根ざす学び」の系譜を歴史的にたどりながら、現代の地域再生の学びとつなぐ。

2600円＋税

地元学からの出発
結城登美雄著

地域を楽しく暮らす人びとの目には、資源は限りなく豊かに広がる。「ないものねだり」ではなく「あるもの探し」の地域づくり実践・提言集。

2600円＋税

(価格は改定になることがあります)